龍灣奔問錄
용만분문록

지만지한국문학의 〈지역 고전학 총서〉는
서울 지역의 주요 문인에 가려 소외되었던
빛나는 지역 학자의 고전을 발굴 번역합니다.
'중심'과 '주변'이라는 권력에서 벗어나
모든 지역의 문화 자산이 동등한 대우를 받을 수 있도록 합니다.
지역 학문 발전에 이바지한 지역 지식인들의 치열한 삶과 그 성과를 통해
새로운 지식 지도를 만들어 나갑니다.

지역 고전학 총서

龍灣奔問錄
용만분문록

양황(梁榥) 지음

이영숙 옮김

대한민국, 서울, 지만지한국문학, 2024

편집자 일러두기

- 이 책은 남원 양씨 충장공파 중종에서 소장하고 있는 《용만분문록(龍灣奔問錄)》 필사본을 원전으로 삼아 번역한 것입니다.
- 작품의 배열은 원전을 따랐습니다.
- 본문은 직역을 위주로 하되 필요에 따라 의역한 곳도 있습니다.
- 시어 중에 풀이가 필요한 표현은 주석에서 따로 설명했습니다.
- 독자의 이해를 돕기 위해 필사본 영인본을 부록으로 함께 실었습니다. 이 부록 부분은 원전의 제책 방식을 따랐으므로 오른쪽에서 왼쪽으로 읽도록 되어 있습니다.
- 주석과 해설은 모두 독자의 이해를 돕기 위해 옮긴이가 작성한 것입니다.
- 지은이 소개는 해설에 포함되어 있으므로 이 책에서는 생략합니다.
- 한글에 한자를 병기할 때 괄호 안의 말과 바깥 말의 독음이 다르면 [ ]를 사용하고, 번역어의 원문을 표시할 때는 ( )를 사용했습니다. 또 괄호가 중복될 때에도 [ ]를 사용했습니다.

〈지역 고전학 총서〉를 펴내며

 고전은 시간과 공간에 의해 1차적으로 규정을 받으며, 지금 이곳을 우리에게 의미 있는 메시지로 전달할 수 있는 텍스트를 말한다. '고전'은 역사적으로 상대적인 개념이므로, 고정불변의 권위를 특별히 갖지는 않는다. 보편성을 갖는다고 여겨지는 텍스트들의 경우, 그것이 고전이라 일컬어지는 것은 여전히 지금 여기의 문제를 논의하는 데에 유용하기 때문이다. 그 이상도 이하도 아니다. 이를테면 《논어》가 고전일 수 있는 이유는 '공자의 《논어》'라서가 아니라 지금 이곳을 위해 《논어》 속 지혜가 필요하기 때문이며, 《사기》를 읽어야 한다는 것도 '사마천의 《사기》'라서가 아니라 지금 이곳을 살아가는 인간의 문제를 이해하는 데 중요한 시사점을 제공하기 때문이다. '고전 목록'이 시기별, 주제별로 제작되어야 하는 이유가 바로 여기에 있다.

 그런 점에서 고전은 철저하게 '지역'에 복무한다. 지역은 지금 이곳의 다른 말로서, 시간과 공간으로 규정되는 인간의 삶 자체를 뜻한다. '지역'을 특정 공간으로 한정해선 안 되는 이유가 바로 여기에 있다. 또한 '지역'을 중심과 상대되는 주변으로 환치해서도 안 된다. 중심도 지역이요, 주변도 지역이기 때문이다. 우리는 '지역'을 인간의 삶이 실질적으로 구현되는 장소, 시간과 공간의 좌표에 의해 구분되는 인간적, 인문적 영역으로 이해한다. 곧 특정한 장소는 상상의 중심에 의해 주변화한 곳이 아니라, 그 자체로 하나의 시간과 공간에 의해 규정된 사람들의 삶 자체를 의미하는 것이다.

따라서 '지역'에서 생산된 텍스트, 특히 한문 고전은 무엇이든 의미가 있다. 모두 특정 주체들의 이성과 감성을 함유하고 있기 때문이다. 특히 한문 고전을 주목하는 이유는 그 안에 우리 전통의 삶이 지혜로 녹아 있기 때문이다. 지역은 한글이 일상어가 된 근대 이후에도 한문 고전을 생산하고 있었다. 우리는 이 지점도 주목한다. 지역의 한문 고전은 바로 얼마 전까지만 해도 우리 삶을 보여 주는 텍스트였던 것이다. 우리가 '지역'과 '고전'을 하나로 붙이고, 지역의 모든 인문적, 인간적 생산물을 주목하는 것은 바로 이 때문이다.

그러나 '지금 이곳'의 다른 말로 '지역'을 주목하고, '이곳'에서 생산된 한문 고전을 텍스트로 읽고자 하는 데에는 더욱 중요한 사고가 바탕을 이루고 있다. 바로 인간의 생명 그 자체를 존중하고 평등하게 대하는 태도다. 살았던 것/살아온 것/살아갈 것은 모두 존중받을 필요가 있으며, 이들에 의해서 생성된/생성되고 있는/생성될 텍스트는 모두 평등한 가

치를 부여받아야 한다. 학연이든, 지연이든, 권력이든, 소용(所用)이든, 그 어떤 이유로도 생명(우리는 문헌도 하나의 생명으로 간주한다)에 대해 차별할 근거는 없다. '지역'의 편언척자(片言隻字)조차도 의미 있다고 여기는 이유가 바로 여기에 있다. 《사기》를 짓기 위해 산천을 거듭 다녔던 사마천의 마음과, 조선 팔도를 수차례 걸어 다니며 작은 구릉과 갈래 길도 세세히 살폈던 김정호의 생각을 떠올려 본다.

이제, 우리는 '지역'에서 생성된 텍스트에 생명을 불어넣고 의미를 부여하는 작업을 시작할 것이다. 그동안 이들은 '생명 없는 생명체'였으며, '고립된 외딴섬'이었다. 비록 미약하지만 이후로 하나씩 '살아 있는 생명체'가 될 수 있도록 소중하게 발굴하고 겸손하게 살피고 애정으로 복원해 21세기 한국 사회의 지적 자산으로 확보하고자 한다. 그 방법은 단순하고 명쾌하다. 가까운 곳에서부터 하나씩 '고전'을 발굴하고 복원하는 것이다. 우리는 저들이 우리의 곁에 존재했건만 아직 손대지 못했음을 반성한다. 이후 복원된 생명들이 아름답게 어우러져 훌륭한 인간적, 인문적 세계를 이룰 수 있기를 기대해 본다. 많은 분들의 동참을 기다린다.

2022년 8월
지역 고전학 총서 기획 위원회

차 례

제용만분문록 · · · · · · · · · · · · · · · · · 1

용만분문록

임진년(1592) 10월 1일 · · · · · · · · · · · · · 10

10월 2일 · · · · · · · · · · · · · · · · · · · 11

10월 3일 · · · · · · · · · · · · · · · · · · · 12

10월 4일 · · · · · · · · · · · · · · · · · · · 13

10월 5일 · · · · · · · · · · · · · · · · · · · 14

10월 7일 · · · · · · · · · · · · · · · · · · · 15

10월 13일 · · · · · · · · · · · · · · · · · · 16

10월 14일 · · · · · · · · · · · · · · · · · · 21

10월 15일 · · · · · · · · · · · · · · · · · · 30

다음 날(10월 16일) · · · · · · · · · · · · · · 31

10월 17일 · · · · · · · · · · · · · · · · · · 32

10월 18일 · · · · · · · · · · · · · · · · · · 38

10월 19일 · · · · · · · · · · · · · · · · · · 44

10월 20일 · · · · · · · · · · · · · · · · · · 47

10월 22일 · · · · · · · · · · · · · · · · · · 51
11월 13일 · · · · · · · · · · · · · · · · · · 52
11월 17일 · · · · · · · · · · · · · · · · · · 55
11월 25일 · · · · · · · · · · · · · · · · · · 56
11월 27일 · · · · · · · · · · · · · · · · · · 61
11월 28일 · · · · · · · · · · · · · · · · · · 62
12월 1일 · · · · · · · · · · · · · · · · · · 63
다음 날(12월 2일) · · · · · · · · · · · · 65
모일(某日) · · · · · · · · · · · · · · · · 67
섣달그믐날 · · · · · · · · · · · · · · · · 71
계사년(1593) 정월 초 · · · · · · · · · · 76
1월 6일 · · · · · · · · · · · · · · · · · · 80
모월 모일 · · · · · · · · · · · · · · · · · 87
모일(某日) · · · · · · · · · · · · · · · · 88
모일(某日) · · · · · · · · · · · · · · · · 91
모일(某日) · · · · · · · · · · · · · · · · 95

원문 · 99

해설 · · · · · · · · · · · · · · · · · · · 133
옮긴이 후기 · · · · · · · · · · · · · · · 180
옮긴이에 대해 · · · · · · · · · · · · · · 183

제용만분문록(題龍灣奔問錄)[1]

---

[1] 이 부분은 뒤에 부록으로 실은 《용만분문록》 원문에는 수록되지 않은 내용으로, 옮긴이가 저본으로 삼은 남원 양씨 충장공파 중종에서 소장한 판본에만 수록되어 있다. 아마도 문중에서 〈용만분문록〉을 출간하면서 이해를 돕기 위한 서문을 붙인 것으로 보인다.

이 분문록(奔問錄)은 중승(中丞) 양성규(梁聖揆)의 선대 진우 공(眞愚公)이 임진왜란 때 그의 부친 서계 공(西溪公)을 모시고 의주(義州)까지 분문(奔問)[2]한 기록이다. 이때 진우 공의 나이가 18세였는데 부친의 행적을 따라 수천 리 흙탕길을 호종했으니, 참으로 대단한 일이다.

내가 분문록에 기록된 것을 살펴보니 그 문장이 맑고 고우며, 계책이 자세하고 간절해 사람들이 미칠 수 있는 경지가 아니었으며 충의의 마음에서 나오지 않은 것이 없었다. 그것을 읽으면 사람이 세상을 보는 눈이 넓어지고 감격이 일어, 퇴락한 풍속을 격려하고 우주와 삼강의 소중함을 더하게 되니, 거듭 반복해 읽어도 감탄하게 된다.

서세 공은 휘가 홍주(弘澍), 자는 대림(大霖)이다. 젊어서 돌아가신 문간공(文簡公) 성혼(成渾, 1535~1598)의 문하에서 배웠다. 충효와 절의의 행실이 있었으며, 상소를 올

---

[2] 분문(奔問) : 난리를 당한 임금에게 달려가 안부를 여쭙는 것을 말한다. 주(周)나라 양왕(襄王)이 난리를 피해 정(鄭)나라 시골 마을인 범(氾)에 머물면서 노(魯)나라에 그 사실을 알리자, 장문중(臧文仲)이 "천자께서 도성 밖의 땅에서 먼지를 뒤집어쓰고 계시니, 어찌 감히 달려가 관수에게 안부를 여쭙지 않을 수 있겠습니까?(天子蒙塵于外 敢不奔問官守?)"라고 한 고사에서 유래했다.

리고 간흉함을 배척해 큰 화에 빠질 뻔했다.

진우 공의 휘는 황(榥)이며, 자는 학기(學器)다. 문장을 짓는 일로 벗들에게 추중을 받았으나 불행하게도 일찍 죽었다. 지금 조정에서 대신들이 연석(筵席)에서 주청해 서계는 이조참의(吏曹參議)에 추증하고, 진우재는 사헌부지평(司憲府持平)에 추증했다. 후손들은 문행으로 대를 이어 집안을 계승해, 지평의 손자 우윤(右尹)과 그의 후손 중승(中丞)이 세적(世籍)과 문보(文譜)에 청직(淸職)으로 이름을 드러내었으니 선대의 음덕에 대한 보답이 여기에 있는 것인가?

임진년 이른 봄에 완산(完山) 최석정(崔錫鼎)이 삼가 쓰다.

용만분문록

만력(萬曆) 20년 임진년(壬辰年, 1592) 여름 4월에 왜노(倭奴)가 크게 일어나 도적들이 쳐들어와 호남·영남의 여러 군이 소문만 듣고도 와해(瓦解)되었다. 병사들을 포로로 삼고, 기세를 몰아 강을 건너니, 한양을 지키지 못하고 어가(御駕)는 서쪽으로 몽진(蒙塵)했다. 다행히도 아버지께서는 나라의 두터운 은혜를 입었다고 여기시니, 어찌 포의(布衣)에 미천(微賤)하다는 이유로 몸을 숨겨 살려고 달아나 나라의 어려움에 나서지 않겠는가?

드디어 뜻을 같이하는 지사(志士)들과 의병을 일으키자고 모의해 만에 하나의 효과를 얻었다. 이때 정인홍(鄭仁弘, 1535~1623)[3]이 의병대장이 되어 경상 우도 지역의 여러

---

3) 정인홍(鄭仁弘, 1535~1623) : 자는 덕원(德遠), 호는 내암(來菴), 본관은 서산(瑞山)이다. 조식(曺植)의 수제자로서 최영경(崔永慶)·오건(吳健)·김우옹(金宇顒)·곽재우(郭再祐) 등과 함께 경상 우도의 남명학파(南冥學派)를 대표했다. 임진왜란 때 합천(陜川)에서 의병을 모아 왜병과 싸웠고 영남 의병장의 호를 받았다. 광해군 즉위 후 대사헌에 기용되어, 문묘 종사 문제를 둘러싸고 이언적(李彦迪)·이황(李滉)을 비방하는 상소를 올리며 두 학자의 문묘 종사를 저지하고 스승 조식을 추존하려다가 팔도 유생들로부터 탄핵을 받았다. 성균관 유생들에 의해 청금록(靑襟錄)에서 삭제되는 등 당시 정계와 학계에 큰 파문을 일으켰다. 저서로《내암집(萊庵集)》이 있다.

병사들을 모두 통솔했다. 내가 이에 아버지에게 아뢰어 "저 자가 이미 의병대장이 되어 병사들이 모두 그를 추숭해 맹주(盟主)로 삼았으니, 우리가 구차하게 그 사이에 있으면서 통제를 받는 것은 마땅하지 않습니다. 만약 이때 행조(行朝)[4]에 분문(奔問)한다면 신하 된 절의를 다하는 기회를 얻어 전쟁에 목숨을 바치려는 뜻을 실천할 수 있게 될 것입니다"라고 했다.

아버지께서 "너의 말이 참으로 좋구나! 나의 뜻과 바로 일치한단다"라고 말씀하셨다. 드디어 근왕(勤王)[5]할 계획을 세우고, 재산을 모두 들여 완성되지 않은 전죽(箭竹) 4만 지(枝)와 완성된 편전(片箭) 300부(部)를 만들어 준비했다.

내가 아버지를 모시고 서쪽으로 갈 때 집안에는 어머니가 계셨다. 두 누이와 동생이 하나 있었는데 모두 어렸고, 동생은 겨우 세 살이었다. 아버지는 가족을 두 숙부에게 맡기셨다. 이해 초겨울 길일에 집을 떠나 호남으로 향하는데, 서로 이별하는 마음이 비록 대의(大義)로 떠나는 길이지만 그

---

4) 행조(行朝) : 임금이 파천(播遷)해 가서 임시로 머물러 있는 곳을 가리킨다.
5) 근왕(勤王) : 제왕의 통치가 위협을 받아 동요할 때에 신하가 군사를 일으켜서 구원하는 것을 말한다.

리운 마음을 어찌 억누를 수 있었겠는가?

임진년(1592) 10월 1일

　아침에 함양(咸陽)의 고향 집을 출발해 오후에 팔량령(八良嶺)을 넘었다. 고향 집 있는 산을 돌아보니 어머니 계신 곳은 점점 멀어지고, 서쪽 하늘 바라보니 임금 계신 행궁(行宮)은 아득하고도 선명했다. 이런 회포가 마음에 어리어 발걸음을 뗄 수 없었다. 저녁에 운봉현(雲峯縣) 촌사(村舍)에서 묵었다.

10월 2일

이른 아침에 출발해 저녁에 남원(南原)의 둔덕리(屯德里)에 있는 종 대호(大好)의 집에서 묵었다. 그 마을에는 오래도록 알고 지낸 사람이 여럿이라 모두 우리가 왔다는 소식을 듣고 찾아와서 서로 오랫동안 소식이 끊긴 정(情)을 터놓았다. 이어 이번 행차의 연유에 관해 이야기하자 어떤 사람은 안타까워하며 힘쓰라고 해 주었다.

10월 3일

아침 식사 후 출발해, 저녁에는 임실현(任實縣) 전주(全州)의 경계에 있는 촌사에서 묵었다.

10월 4일

이른 아침에 출발해, 정오에 만마동(萬馬洞)에 도착해 말을 먹이고, 저녁에 전주부(全州府)의 하주(下州)에 도착했다. 이곳은 웅부(雄府)이면서 큰 진(鎭)으로, 한 도(道)의 도회지(都會地)다. 군오(軍伍)와 부세, 부역이 다른 읍보다 배가 되며, 경보(警報)도 빈번하게 전해 마을이 소란스러웠다. 부(府) 밑의 촌사에 머물러 묵었다.

10월 5일

    늦게 출발해 저녁에 임파현(臨陂縣)에 도착했다. 현은 호남 지역의 바다 모퉁이에 있었다. 배를 구해 바다를 항해하고자 했으나 음산한 바람이 불어 순조롭지 않았다. 그래서 배를 출발하지 못하고 촌사에 머물렀다.

10월 7일

    이곳에 이미 사흘을 머물렀으나 바람의 형세가 더욱 나빠져 배를 출발하지 못했다. 세 명의 종만 일정을 함께할 사환(使喚)으로 남기고, 그 나머지 종과 말은 모두 고향의 집으로 돌려보냈다. 그들을 돌려보내는 심정과 인사하고 떠나가는 모습도 그 암담함을 견디기 힘들었다.

10월 13일

 역풍이 연일 그치지 않아 머물며 체류한 지가 거의 열흘이 되었다. 서쪽으로 갈 기약은 없고, 여정은 더욱 고통스러웠다. 근심 걱정으로 처량해 오직 두 공부6)의 '눈물 뿌리며 임금 계신 곳 그리워하니(揮涕戀行在)'7)라는 구절만 읊조릴 뿐이었다. 마침 호남도사(湖南都事) 최철견(崔鐵堅)8)이

---

6) 두 공부(杜工部) : 당나라 때 시인 두보(杜甫, 712~770)를 말한다. 자는 자미(子美)이다. 공부는 그의 벼슬 검교공부원외랑(檢校工部員外郞)의 약칭이다. '시성(詩聖)'으로 불리며, 당(唐)나라 때 이백과 함께 쌍벽을 이룬 시인이다.
7) 눈물… 그리워하니 : 당(唐)나라 시인 두보(杜甫, 712~770)의 시 〈북정(北征)〉에 나오는 구절이다. 이 시는 두보가 46세 때에 지은 5언 고시로, 안녹산(安祿山)의 난(亂) 중에 행재소(行在所)인 봉상(鳳翔)에서 출발해 처자(妻子)가 있는 부주(鄜州)에 이르는 동안의 정경과 감회를 읊은 것이다. 《두소릉 시집(杜少陵詩集)》 권5 참조.
8) 최철견(崔鐵堅, 1548~1618) : 자는 응구(應久), 호는 몽은(夢隱)이다. 1585년 별시 문과에 장원으로 급제한 뒤 병조정랑・수원부사・호조참의 등을 역임했다. 서장관으로 임명되어 명나라에 다녀온 후 전라도 도사가 되었을 때 임진왜란이 일어나 관찰사 이광(李洸)이 패주하자, 죽기를 맹세하고 전주 사민(士民)에 포고해 힘껏 싸워 전주를 수호

현으로 들어와 두세 명의 호걸과 함께 신정(新亭)의 모임을 열었다. 나는 아버님을 모시고 그 모임에 참여했다. 술이 반쯤 되자 최 공(崔公)이 먼저 율시 한 수를 읊조렸다. 그 율시는 다음과 같다.

> 물을 건너고 피현에 다다르니
> 종사관이 청주에서 왔네
> 말세가 참으로 꿈속인 듯
> 친한 벗 절반은 유령이 되었네
> 하늘과 땅에서 해가 떨어지니
> 호수와 바다는 적막한 가을이네
> 기책을 오늘은 말하지 않으려니
> 조정에서 이미 방책을 세웠으리

> 渡水臨陂縣　從事自青州
> 末世眞如夢　親朋半作幽
> 乾坤零落日　湖海寂寥秋
> 奇策今休道　朝廷已運籌

했다. 저서로 《몽은집(夢隱集)》이 있다.

내가 삼가 차운해 시를 올렸다. 그 시는 다음과 같다.

관서 지방으로 일만 리 길
남쪽 고을에서 길 떠났다네
오늘 밤 술동이 앞에 두고 시름하노니
타향에서 나그네 생각 그윽해라
음산한 바람 열흘 동안 이어지니
여관에선 삼 년처럼 느껴지네
전쟁은 어느 때에 안정될까
반중에서 계책을 세워 보길 청하네

關西一萬里　發軔自南州
今夕樽前恨　他鄕客思幽
陰風連十日　旅館若三秋
戎馬何時定　盤中請借籌

상사(上舍) 조덕홍(趙德弘)을 만나 그의 운에 차운하고, 편지와 함께 아버지께 드렸다. 그 시는 다음과 같다.

미인은 지금 어디에 있는가?
소식이 서주에서 끊어졌네

적개심으로 산하가 부끄럽고
닭 울음 들으니 꿈결인 듯 흐릿하네
백성은 한나라 해를 생각하고[9]
부로들은 깃발 날리기만 바라네
팔짱 끼고 비록 대책이 없다 하지만
전쟁 멈추려 계책 세우기를 청하네

美人今何在　消息隔西州
敵愾山河恥　聞鷄夢寐幽
民心思漢日　父老望旗秋
持臂雖無策　止戈請借籌

아버지께서 어떤 사람들에게 또 차운해 화답하게 했다.

우리나라 만여 리
팔도 삼백 주에
오랑캐의 전란이 이어져
호남과 영남 땅 멀리 아득해졌네

---

[9] 한나라 해를 생각하고 : 여기서는 명나라의 원군(援軍)을 기다린다는 뜻이다.

성스러운 주인이 전쟁하는 날에
미미한 신하는 문안하러 가네
한쪽만 편안한 것이 어찌 왕업이랴
예리함, 둔함을 따짐은 군주의 계책이 되었네

東夏萬餘里　八區三百州
犬羊塵涃洞　湖嶺地遏幽
聖主揮戈日　微臣擊揖秋
偏安豈王業　利鈍爲君籌

10월 14일

  비로소 순풍을 맞아 배를 타고 바다를 출발해 저물녘에 옥구현(沃溝縣) 군산포(群山浦)에 정박했다. 육방옹(陸放翁)10)의 〈서분(書憤)〉11) 시에 화운해 4수를 지었다.

  이 생명이 난리 속에 떨어졌으니
  해를 향한 작은 풀의 충심을 누가 알리오
  보검을 허리에 차니 비분함 절실하고
  갑옷을 무릎에 드리우니 큰 포부 부질없네
  난여는 길을 치우며 관문을 지나가니
  오랑캐 비린내는 한양 궁궐을 더럽히네

---

10) 육방옹(陸放翁) : 육유(陸游, 1125~1210)로, 자는 무관(務觀), 호는 방옹이다. 그의 시는 당시풍(唐詩風)의 강렬한 서정을 표현한 것이 많은데, 폭이 매우 넓어 비통한 우국의 시로부터 전원생활의 기쁨을 노래하는 한적한 시에 이르기까지 매우 다양하다. 애국심을 드러낸 시를 많이 지어 지금까지 '애국시인'으로 불린다.
11) 〈서분(書憤)〉 : 육유가 72세이던 1197년 봄, 산음(山陰)의 삼산(三山) 별업(別業)에 기거할 때 지은 시로 금(金)나라를 토벌해 나라에 충성하겠다는 의지를 나타내고 있다.

늠름하게 서쪽으로 온 오늘의 일은
분양12)을 천년 동안 영웅으로 생각해서라네

此生零落亂離中　誰識傾陽寸草忠
寶劒躍腰悲憤切　戎衣垂膝壯圖空
鑾輿淸蹕巡關塞　臊羯腥塵暗漢宮
凜凜從西今日事　汾陽千載想英雄

또 지었다.

초야의 한 미천한 신하가
근왕으로 작은 충절을 바쳤네
흰 구름 아득히 고향으로 떠가노니
푸른 바다 넘실대며 세월은 흘러가네
이백 년 동안 대대로 녹을 받아

---

12) 분양(汾陽) : 당(唐)나라 명장 곽자의(郭子儀)를 말한다. 숙종(肅宗) 때 안녹산과 사사명의 난을 평정해 국가 중흥의 공이 으뜸이어서 분양왕(汾陽王)에 봉해졌고, 덕종 때는 상보(尙父)라는 호를 받고 태위중서령(太尉中書令)에 올라 몸소 천하의 안위를 맡은 것이 20년이었다. 인자하고 관후한 풍모를 지녔으며 오래 살고 자손이 많아 다복했다.《당서(唐書)》권120 〈곽자의열전(郭子儀列傳)〉 참조.

삼천 리 밖의 행궁을 생각하네
새벽 여관 창에 닭 홰치는 소리 들려
서쪽 바다로 머리 돌리니 의기 웅장하네

一介微臣草野中　勤王徒效獻芹忠
白雲渺渺鄕關遠　滄海溶溶歲月空
二百年來曾世祿　三千里外憶行宮
旅窓五夜聞鷄舞　回首西洋意氣雄

또 지었다.

구름 속에서 저녁 봉화 알려 오는데
한의 왕실 모신들은 계책이 불충했네
만 리 밖에서 용여[13]는 천고의 욕을 당하고
백 년의 인간사 하루아침에 부질없어졌네
늦가을 외로운 달은 행전[14]을 비추지만
낙일의 요사한 기운은 고궁을 혼미하게 하네

---

13) 용여(龍輿) : 임금의 수레를 말한다.
14) 행전(行殿) : 임금이 지방을 순시할 때 임시로 거처하는 곳을 말한다. 행재소(行在所) 또는 행궁(行宮)이라고도 한다.

썩어 빠진 선비라 쓰일 곳 없다 말하지 말게
굳센 마음은 오히려 만부 중에 으뜸이라네

夕烽初報自雲中　漢室謀臣計不忠
萬里龍輿千古辱　百年人事一朝空
殘秋孤月照行殿　落日妖氛迷故宮
莫道腐儒無用處　壯心猶許萬夫雄15)

또 지었다.

한강 가의 견고한 성16)엔 왕의 기운 남았고
한미한 신하 충정은 붉게 빛나고 있네
달빛은 만 리 밖에서 행궁을 비추고

---

15) 만부웅(萬夫雄) : 이백(李白)의 〈여한형주서(與韓荊州書)〉에서 "키는 비록 7척이 못 되지만, 마음속의 기개는 만 명의 장부들보다 웅대하다(雖長不滿七尺 而心雄萬夫)"라고 한 표현을 인용한 것이다.
16) 견고한 성 : 원문의 '금탕(金湯)'은 '금성탕지(金城湯池)'의 준말로, 쇠로 쌓은 성과 끓는 물이 흐르는 해자가 있어 함락하기 어려운 견고한 성지(城池)를 말한다. 《한서(漢書)》〈괴통전(蒯通傳)〉에 "반드시 성을 고수하려고 한다면 모두 금성과 탕지로 만들어야 공격할 수 없을 것이다"라고 했다.

바람은 가을날에 불어 택국[17]을 춥게 하네
엄혹한 궁궐엔 진실을 알릴 방도도 없으니
빈 골짜기에 그윽한 난초 있음을 누가 알겠나
근래에 사람들은 번복이 많으니
경초는 반드시 판탕[18] 속에서 보게 되리[19]

漢上金湯王氣殘　微臣忠膽耿如丹
月從萬里行宮照　風撼三秋澤國寒
無路嚴宸陳卞璞　誰知空谷有幽蘭
年來人事多翻覆　勁草須將板蕩看

---

17) 택국(澤國) : 강이나 바다 같은 물이 있는 지역을 말하는데, 여기서는 조선을 두고 한 말이다.
18) 판탕(板蕩) : 탕진(蕩盡)을 말한다. 판탕은 본래 정치를 잘못해 나라가 어지러워짐을 이르는 말로 《시경》의 〈판(板)〉과 〈탕(蕩)〉 두 편(篇)이 모두 문란한 정사(政事)를 읊은 데서 유래했다. 여기서는 임진왜란을 가리킨다.
19) 경초(勁草)는… 되리 : 맹렬하게 불어오는 바람 속에서 비로소 절조를 지키며 꿋꿋이 서 있는 초목을 분별해 낼 수 있다는 말이다. 《구당서(舊唐書)》 권63, 〈소우열전(蕭瑀列傳)〉의 당 태종(唐太宗)이 소우를 칭찬하면서 하사한 시 "질풍 속에서 굳게 버티는 초목을 알고, 난리 속에서 충성스러운 신하를 안다(疾風知勁草 板蕩識誠臣)"라고 한 구절에서 나온 것이다.

또 강단우[20]의 〈난리잡시(亂離襍詩)〉 세 수에 차운했다.

객들이 한 해가 저문다 하는데
고향은 외지고도 멀기만 하네
천 개의 봉우리 바다 너머 비추며
외로운 달은 하늘 끝에 걸렸네
성스러운 군주는 순수[21]에 수고로운데
간사한 신하는 나라를 그르쳤네
산하는 옛날 그대로 있는데
쓸쓸하기는 삼파협[22] 같다네

---

20) 강단우(江端友, ?~1134) : 자는 자아(子我)고, 호는 칠리선생(七里先生)이며, 송나라 개봉(開封) 진류(陳留) 사람으로, 강휴복(江休復)의 손자다. 흠종(欽宗) 정강(靖康) 원년(1126)에 천거를 받아 승무랑(承務郎)과 제왕부찬독(諸王府贊讀)을 지냈다. 선인후(宣仁侯)의 무고와 비방을 변호하다 쫓겨나 동려(桐廬)의 노자원(鸕鷀源)에서 우거(寓居)했다. 고종(高宗) 건염(建炎) 초에 다시 부름을 받아 병부원외랑(兵部員外郎)이 되었으며, 소흥(紹興) 3년에 권태상소경(權太常少卿)에 올랐다. 저서로《자연암집(自然庵集)》이 있다.
21) 순수(巡狩) : 천자(天子)가 제후(諸侯)의 나라를 순찰하는 것을 말한다.
22) 삼파협(三巴峽) : 촉(蜀)나라 초협(楚峽)으로 이곳에는 원숭이가

客裡歲云暮　鄕關僻且遐
千岑照海外　孤月掛天涯
聖主勞巡狩　奸臣誤國家
山河依舊在　寥落似三巴

또 지었다.

전쟁으로 남북이 끊어져
소식은 모두 진실이 아니라네
나라 순찰하는 것 행전을 손상하고
이승과 저승에서 옛사람 조문하네
변방에는 초목이 말라 가고
해내에는 풍진이 오래가네
푸른 바다 너머로 머리 돌리노니
외로운 회포는 누구와 함께할까

兵戈南北絶　消息摠非眞
巡狩傷行殿　幽明吊故人

많은데, 그 울음소리가 유난히 애절하다고 한다.

塞邊凋草木　海內久風塵
回首滄溟外　孤懷誰與親

또 지었다.

멀리 떠나는 객은 늦가을 지나며
푸른 바다에서 배를 타는 건 처음이네
나라에는 석 달 동안 재만 남았고
집에서는 만금 가는 편지도 끊어졌네
차라리 편안한 둥지의 새가 부러우니
누가 학철어[23]를 가엾다 여기는가
옛 동산엔 어느 날 도착해
갠 날 채마밭 봄 채소에 물을 댈까

遠客殘秋後　行舟碧海初
國餘三月燼　家斷萬金書

---

23) 학철어(涸轍魚) : 수레바퀴 자국에 고인 물에서 헐떡이는 물고기를 말하는데, 위기에 처해 있음을 뜻한다. 《장자》〈대종사(大宗師)〉의 "물이 바짝 말라 물고기들이 땅바닥에 처하게 되면, 서로들 김을 내뿜어 축축하게 해 주고 서로들 거품으로 적셔 준다(泉涸魚相與處於陸 相呴以濕 相濡以沫)"라는 말에서 나온 것이다.

却羨安巢鳥　誰憐涸轍魚
故園何日到　晴圃灌春蔬

10월 15일

군산포(群山浦)에서 늦게 닻줄을 풀고 배를 놓아 큰 바다 속으로 들어갔다. 하루가 저물어 호서(湖西) 홍주(洪州) 땅의 항포(杭浦)에 머물러 정박했다. 바다의 하늘은 아득하고 달빛은 청명하며, 바람과 파도는 광대하고 아득하며, 나그네 생각은 쓸쓸하고 슬펐다.

다음 날(10월 16일)

바람에 막혀 머무르며 출발하지 못했다.

10월 17일

바람에 막혀 배를 출발하지 못하고 종일 창을 마주하고 있으니, 감회가 일지 않을 수 없었다. 또 강단우의 〈난후잡시(亂後襍詩)〉 5편에 차운했다.

만 리의 관서로 가는 길
풍랑이 아득히 드넓은 때
흰 구름은 어느 곳에서 피어나나
푸른 바다 아득해 기약하기 어렵네
함몰된 곳에서 고향 소식을 듣고
떠돌면서 굶주리지 않기를 생각하네
남쪽 백성의 도탄은 극심해
밤낮으로 임금의 군대만 기다린다네

萬里關西路　風濤浩渺時
白雲何處是　滄海杳難期
陷沒聞鄕信　流離念母飢
南民塗炭極　日夜望王師

또 지었다.

　　포구에는 저녁 조수 지고
　　호수의 산에 해 저물려 할 때
　　큰 파도에 떠날 길 혼미하고
　　흰 해는 돌아올 기약 생각하네
　　패북 땅에는 임금과 신하 등한하고
　　강남땅에는 아우들 굶주리고 있다네
　　온 집안이 천지 안에서
　　대명의 군대를 발돋움하고 기다리네

　　浦口夕潮落　湖山欲暮時
　　滄波迷去路　白日念歸期
　　浿北君臣隔　江南弟妹飢
　　一家天地內　跂望大明師

제2편은 다음과 같다.

　　하늘과 땅 사이에 군마가 날뛰어
　　비린내와 먼지가 사방에 자욱하네
　　풍랑으로 고국 땅이 나누어지니
　　부평초야말로 이 몸의 신세라네

조만간 추악한 자들을 섬멸해
중화와 동이 한집안처럼 합해지리라
다시 일어나 광복하는 일에
어찌 익주, 파주를 따지리오

戎馬乾坤裡　腥塵暗四遐
風濤分故土　萍水是生涯
早晚殲群醜　華夷合一家
中興光復業　豈數益州巴

또 지었다.

남자는 뽕나무 활의 뜻을 품고[24]
행장 꾸려 먼 길도 꺼리지 않았네
푸르고 아득한 바다 너머를 지나
깊은 물에 출렁이며 하늘 끝에 정박했네

---

24) 뽕나무 활의 뜻을 품고 : 《예기》〈내칙(內則)〉에 "군국의 세자가 태어나면 … 활 쏘는 사람이 뽕나무로 만든 활에 쑥대 화살 여섯 개를 재어 천지와 동서남북에 쏜다(國君世子生 … 射人以桑弧蓬矢六 射天地四方)"라고 했는데, 이는 태어난 아이가 원대한 포부를 가슴에 품도록 기원하는 의식이다.

물 위 부평초처럼 떠도는 이, 타향의 객이요
호수와 산에 사는 이, 모두 내 가족이라네
봉래산, 영주산처럼 경치 아름다운 곳
파릉의 동정호를 도리어 비웃는다네

男子桑弧志　行裝莫憚遐
滄茫過海外　滉漾泊天涯
萍水他鄕客　湖山摠我家
蓬瀛形勝地　却笑洞庭巴

제3편은 다음과 같다.

오늘날 굳은 얼음 같은 재앙은
본래 헤아리지 못해 발생한 게 아니라네
궁의 여우가 임금의 자리[25]에 오르고
한수는 왕도를 붉게 물들였네
하늘은 사람을 깨우쳐 자못 간절한데
사람은 하늘을 잇는 이 도리어 없다네
전날의 일에 마음을 다치고

---

25) 임금의 자리 : 원문의 어탑(御榻)은 임금이 앉는 의자를 말한다.

머리를 돌려 한 번 탄식하네

今日堅氷禍　元非出不虞
宮狐升御榻　漢水赤王都
天警人頗切　人承天却無
傷心前日事　回首一嗚呼

제4편은 다음과 같다.

소나무 잣나무는 날씨가 추워진 후에
분명히 진실과 거짓이 드러난다네
패군은 수문장의 죄인 줄 알겠는데
나라를 그르친 건 누구의 잘못인가
지난번엔 화의를 전적으로 하더니
지금은 누가 오랑캐 먼지를 진정시킬까
온 관리들은 새 둥지를 선택하고
다시는 군친을 생각하지 않는다네

松栢歲寒後　分明見僞眞
敗軍知閫罪　誤國是何人
向見專和議　今誰靜虜塵
千官鳥栖擇　無復念君親

제5편은 다음과 같다.

　이슬이 떨어져 찬 서리 되니
　바람 높이 불어 첫눈이 내리네
　서쪽 하늘 보며 궁궐 그리워하는데
　남쪽 지역에선 집안 편지 끊어졌네
　배움 부족해 초라한 집도 편안하고
　재주 어설퍼 노(魯) 자와 어(魚) 자 구별도 못하네
　밝은 달이 뜬 밤 외로운 배 안에서
　꿈은 나물 캐던 고향 산으로 달려가네

　水落霜寒後　風高雪下初
　西天戀魏闕　南國絶家書
　學拙安蓬蓽　才疎訛魯魚
　孤舟明月夜　夢繞故山蔬

10월 18일

　사흘 동안 연이어 바람에 막혀 항포에 머물러 있었다. 항포는 홍주의 큰 항구다. 항구는 여유롭고 넓었으며, 배 수천 척을 정박할 수 있었다. 조수가 출입하는 곳은 사람의 두 소매를 펼쳐 껴안는 것처럼 서로를 향해 사방의 산이 푸른 소나무를 둘러싸고, 푸른빛을 교차하며 하늘에 닿아 생학(笙鶴)26)의 피리 소리가 들리는 듯하니 인간 세상 어디에 또 이런 곳이 있을지 알 수 없었다.

　1000리 밖을 떠도니 집과 고향은 아득하고, 난리 중의 마음은 스스로 위로할 곳이 없었다. 봉창(篷窓) 아래에서 고향에는 왜구들과 전쟁이 벌어지고 있는 것을 걱정하면서, 산

---

26) 생학(笙鶴) : 생황(笙簧)과 백학(白鶴)으로, 신선이 타는 학을 가리킨다. 생황(笙簧)을 잘 불던 선인(仙人) 왕자교(王子喬)가 백학(白鶴)을 타고 승천했다는 전설에서 온 말이다. 왕자교는 주(周)나라 영왕(靈王)의 태자 진(晉)으로, 생황 불기를 좋아해 곧잘 봉황의 울음소리를 내곤 했는데, 선인 부구공(浮丘公)을 따라 숭산(嵩山)에 올라가 선도(仙道)를 닦았다. 30년이 지난 어느 날 백학을 타고 구지산(緱氏山) 꼭대기에 머물다가 손을 흔들어 사람들과 작별하고는 신선이 되어 승천했다는 전설이 전한다. 《열선전(列仙傳)》〈왕자교(王子喬)〉 참조.

과 바다의 끝없이 아름다운 경치도 감상했다. 아버지가 먼저 임화정(林和靖)27)이 서호(西湖)에서 지은 시에 차운해 각 세 편을 지었다. 그 첫 번째 시는 다음과 같다.

> 천지의 주재자가 만물을 담당하는데
> 도리어 신선 고을에 채색 병풍 세웠네
> 한 바다에 밝은 달그림자를 담았고
> 사방 산을 둘러싼 건 다 푸른 소나무네
> 늦저녁의 노을은 맑은 경치 짙게 하고
> 물에 떠서 노는 물새 흰 날개 푸덕거리네
> 저물녘 외로운 배의 천 리 길 나그네
> 먼 포구의 어부 노래 차마 듣지 못하네

乾坤眞宰職流形 却向仙鄕設彩屛

---

27) 임화정(林和靖) : 북송(北宋) 시인 임포(林逋, 967~1028)를 말한다. 화정(和靖)은 임포의 시호다. 그는 일찍이 서호(西湖)의 고산(孤山)에 은거해 장가들지 않고 처자도 없이 매화와 학을 길렀으므로, 당시 사람들이 그를 '매처학자(梅妻鶴子)'라 일컬었다. 임포가 거룻배를 타고 서호에서 노닐 때 혹 임포의 처소를 찾아온 손님이 있으면 동자가 손님을 맞아들이고 우리를 열어서 학을 내놓아, 임포가 학이 나는 것을 보고 자기 집에 손님이 온 것을 알고 노 저어 돌아오곤 했다고 한다.

一海中涵明月影　四山周匝盡松靑
晚霞夕靄濃晴景　浮鷺游鷗振雪翎
落日孤舟千里客　漁歌遠浦不堪聽

그 두 번째 시는 다음과 같다.

예부터 승지는 형용할 수 없었는데
두루 아름다운 경치 구름 병풍에 싸였네
사방을 모두 둘러 서늘한 소나무 푸르고
맑은 거울 양쪽으로 여니 차가운 옥인 듯 푸르네
별빛, 달빛 자라 머리 위로 쏟아지고
생황, 퉁소 소리에 학의 날개 나부끼네
조물주가 선가의 일을 누설했으나
귀신 울어 정신없으니 듣지 못하네

勝地由來未可形　周遭麗景匝雲屛
盡圖四境寒松翠　洪鏡雙開冷玉靑
星彩月華鰲抃首　風笙天籟鶴翻翎
化工漏洩仙家事　鬼泣神慳故不聽

그 세 번째 시는 다음과 같다.

삼라만상 거울 속에 드러나니
운해와 선산 한 폭의 병풍이라네
하늘에서 수레 모니 날개가 돋아나
맑은 기운 속을 부유하며 하늘 나는 듯
허공에는 햇빛, 달빛 흐르고
물에는 물고기 뛰고, 하늘엔 솔개 나네
조수 지고 솔숲에 바람 불어 음악 연주되니
하늘의 생학이 황홀하게 듣는구나

森羅萬象鏡中形　雲海仙山一盡屛
駕御空明疑羽化　浮游灝氣軼穹靑
中間日月流光影　上下鳶魚任躍翁
潮落松呼風作韻　勻天笙鶴悅相聽

　같은 자리에 있던 사람이 또 세 편을 차운했다. 그 첫 번째 시는 다음과 같다.

산이 바다 둘러 절로 형승을 만들어 내니
천지는 유리 같고 사방은 병풍 같구나
만 리 파도 잔잔하고 홀로 뜬 달 밝은데
한 줄기 뱃노래 푸른 봉우리 사이에 퍼지네

구름, 노을 호수 같은 물에 비쳐 모습 바꾸어 가고
갈매기, 해오라기 조수 위를 정결하게 날고 있네
봉래, 영주의 무한한 흥 모두 빼앗겨 버렸지만
장관은 훗날 사람들을 떠들썩하게 하리라

山回海㴱自成形　上下琉璃四面屏
萬里平波孤月白　一聲柔櫓數峯靑
雲霞變態渟涵影　鴎鷺迎潮刷蕩翔
剩掠蓬瀛無限興　壯觀他日駭人聽

그 두 번째 시는 다음과 같다.

눈에 가득 바람과 구름 천만 가지 형상
온통 병풍으로 둘러싸인 유리 거울 속
새벽의 하얀 달빛 파도 위로 부서지고
십 리의 늘어선 소나무 비 온 뒤 푸르구나
양 소매 학의 날개를 펼친 듯
온 세상 큰 붕새 날개로 덮은 듯
인간 세상 잘못으로 근심 떨치지 못하니
나발 소리 처량해 차마 듣지 못하누나

滿目風雲千萬形　琉璃鏡裡一圍屏

五更明月波間白　十里長松雨後青
　　兩袖如張雙鶴翼　一區疑戴大鵬翎
　　人間有累愁難遣　晚角淒凉不忍聽

그 세 번째는 다음과 같다.

지는 노을 남은 해에 저무는 산 그리매
또렷한 푸른 산봉우리 병풍처럼 둘렀네
비 내려 습하고 흐려 눅눅한 바다 검더니
바람 잔잔해 물결 고요하니 비단 깔린 듯 푸르네
파도 위로 달빛 부서지니 황금 가루 뿌린 듯
호수 위로 갈매기 높이 나니 하얀 눈 날리는 듯
종일토록 봉창 아래 할 일 없이 보내나니
멀리 언덕에서 들려오는 해 질 녘 어부의 뱃노래

　　落霞殘照暮山形　歷歷青巒曲曲屏
　　雨濕雲陰瘴海黑　風恬浪靜縠紋青
　　波間月碎黃金屑　湖上鷗浮白雪翎
　　盡日蓬窓無一事　漁歌隔岸晚來聽

10월 19일

　비로소 순풍을 만나 큰 바다에 배를 띄우고 수백여 리를 가서 호서 지방 당진현(唐津縣)의 소덕물도(小德物島)에 도착했다. 거기에서 또 거친 바람을 만나 머물렀다. 이 섬은 바람에 파도가 출렁거리며 물빛은 하늘과 이어졌다. 말없이 봉창(蓬窓)에 앉아 적막함을 없앨 방법이 없어 아버지께서 송지문(宋之問)[28]의 〈유우용(遊禹穴)〉 배율 6운에 차운하셨다.

> 넓고 아득한 바다 하늘에 닿아 푸르고
> 관서 지방은 만 리까지 툭 트였네
> 안위는 물 위의 나그네 신세라
> 성명(性命)을 뱃사공에게 부쳤네
> 대낮인데도 밝았다가 또 어두워지고
> 먹구름 가득했다 다시 사라지네

---

[28] 송지문(宋之問, 656~712) : 당(唐)나라 때의 문인으로, 심전기(沈佺期)와 함께 시(詩)로 명성을 떨치며 율시(律詩)의 형식을 완성했고, 수문관직학사(修文館直學士)를 지냈다.

삼한(三韓)의 명운은 지휘에 달렸고
양절(兩浙)29)은 아득한 어둠 속이라네
검푸른 파도 조수에 부딪쳐 하얗게 부서지고
갠 하늘 노을은 석양 녘에 붉구나
외로운 배 정처 없이 떠도는데
해 저물고 또 세찬 바람 불어오네

浩渺齊天碧　關西萬里通
安危因水客　性命寄篙翁
白日明還暗　玄雲滿復空
三韓指顧裡　兩浙杳茫中
陰浪衝潮白　晴霞帶夕紅
孤舟無定所　向暮又長風

어떤 이는 다음과 같이 차운했다.

아득한 바다 너머

---

29) 양절(兩浙) : 중국 전당강(錢塘江) 이남의 절동(浙東)과 이북의 절서(浙西) 지방을 말한다. 여기서는 명나라 지원군을 말하는 것으로 보인다.

푸르게 한눈에 들어오네
몰아치는 바람에 읊조리고 있는 월나라 객[30]
아스라이 나루터 묻는 늙은이
해와 달은 동서에 걸렸고
하늘과 땅은 위아래가 텅 비었네
어룡이 출몰하는 가운데
섬들은 있는 듯 없는 듯
자라 등 같은 섬 사이로 차가운 안개 푸르고
고래 등 같은 파도 사이로 지는 해 붉구나
평생 부질없는 뜻을 품고서
붓을 버리고 장풍을 사모했네

淼淼海門外　滄溟一望通
飄零吟越客　浩渺問津翁
日月東西掛　乾坤上下空
魚龍出沒裡　島嶼有無中
鰲背寒烟翠　鯨波落照紅
平生宗慤志　投筆慕長風

---

30) 월나라 객 : 원문의 '월객(越客)'은 주로 양자강 유역에 사는 월나라 사람이란 뜻으로 이들은 주로 배를 타고 다닌다. 여기서는 배를 타고 이동하는 시인 자신을 가리킨다.

10월 20일

연이어 머물며 소덕물도에서 출발하지 않았다. 서북쪽 산에 의지해 바람을 막으니, 아침 햇살이 눈부시게 쏟아져 봄처럼 따뜻했다. 배 안의 사람들이 봉창 위로 서둘러 나가 등에 햇볕을 쬐고 바람을 쐬었다. 잔잔한 파도가 만 리에 이르고, 물과 하늘이 온통 푸른 빛깔이었다. 구름과 바다는 은빛 병풍을 펼친 듯 사방을 둘러싸고, 어룡은 뛰어올라 춤추며 나타났다가 사라지니, 1000가지 모습과 만 가지 형상이 그림으로도 표현되지 않았다. 아버지께서 허당(許棠)31)의 〈과동정호(過洞庭湖)〉 시에 차운해 시 한 수를 지으셨다.

바다에서 날 저물어 정박한 외로운 배의 나그네
만 리 밖 고향 생각에 귀밑머리 하얘지네

---

31) 허당(許棠, 822~?) : 중국 당대(唐代)의 시인으로, 자는 문화(文化), 선주(宣州) 경현(涇縣) 사람이다. 장제(張齊), 정곡(鄭谷), 유탄(喩坦) 등과 함께 '함통십철(咸通十哲)'로 불렸다. 5언 율시에 뛰어났으며, 7언 율시도 많지는 않으나 뛰어난 작품이 전해 만당(晚唐)의 명가(名家)로 일컬어진다.

비단 띠 두른 듯 하늘 위 구름을 헤치고
물고기, 자라는 바다 가운데 산을 막았네
위, 아래 청동 펼친 듯 하늘과 땅 깨끗하고
동, 서는 흰 옥을 매단 듯 해와 달 한가하네
며칠을 뱃전 두드리니 미쳐 거꾸러질 듯한데
뛰어난 경치는 신선 세상 아닌 곳이 없다네

滄溟晚泊孤舟客　萬里思家鬢欲斑
羅帶離披天上霧　鯤鰲拒逐海中山
靑銅上下乾坤净　白玉東西日月閑
數日扣舷狂欲倒　勝區無處不仙間

어떤 사람이 또 두순학(杜荀鶴)32)의 〈여박우란(旅泊遇亂)〉 시에 차운해 시 한 수를 지었다.

듣건대 장안은 차마 말할 수 없을 정도라니

---

32) 두순학(杜荀鶴, 846~904) : 자는 언지(彦之)다. 당나라의 시인으로 일설에 따르면 두목(杜牧)의 첩에게서 태어난 자식이라고 한다. 그는 술과 산수를 좋아했고 금(琴)에도 능했으며, 구화산(九華山)에 살아 '구화산인(九華山人)'이라고 자칭했다.

번화한 문물은 어디에 있는가?
백성은 이날을 읊조리며 한나라 생각하니
사람이 많아 당시에는 요행히 하늘을 이겼네33)
충성스러운 분노 있어 조나라 성벽으로 들어가고34)
풀밭엔 길이 없어 구운 벽돌 옮겼네
풍진 속에서 쉬지 못하니 갖옷은 해졌고
동과 서로 떠다니며 일 년을 보냈다네

聞道長安不忍言　繁華文物在誰邊
民吟此日方思漢　人衆當時幸勝天
忠憤有心還趙壁　草萊無路運陶甎

---

33) 사람이… 이겼네 : 《사기》 권66 〈오자서열전(伍子胥列傳)〉에 "사람이 많으면 하늘을 이기는 경우도 있지만, 하늘의 뜻이 정해지면 역시 사람을 능히 이기는 법이다(人衆者勝天 天定亦能破人)"라는 말이 나오는데, 소식(蘇軾)이 이를 인용해 "사람이 많으면 하늘을 이기고, 하늘의 뜻이 정해지면 사람을 이긴다(人衆者勝天 天定亦勝人)"라는 시구로 표현하면서 더욱 유명한 격언이 되었다.
34) 충성스러운… 들어가고 : 한신이 조나라 수도 한단(邯鄲)을 공격할 때 배수진을 쳐서 적을 성에서 유인해 내는 한편, 날랜 기병(騎兵) 2000명으로 하여금 비어 있는 성에 들어가 한(漢)나라의 상징인 붉은 깃발을 꽂게 하는 계책으로 승리해 조왕(趙王) 헐(歇)을 사로잡은 고사를 말한다.

風塵未息貂裘弊 漂泊東西送一年

10월 22일

이틀 연달아 바람에 뱃길이 막혀 오늘 아침에 비로소 출발했다. 배가 바다 가운데 떠서 수백여 리를 갔다. 이 아래 책자가 여러 폭 결락되어 고찰할 수 없다.

삼가 살펴보면 10월 22일부터 11월 13일까지 이미 수십여 일이 지났는데, 당진 바다 입구에서 내포(內浦)인 경기도 오른쪽 서해를 지나 관서(關西) 지방 삼화현(三和縣) 경계에 이르렀다. 바닷길로는 몇천 리를 왔는지 모른다. 일기 책자가 결락되어 고증할 수 없다.

11월 13일

관서(關西) 삼화현(三和縣) 바닷가에 배를 정박하고 돛을 내린 뒤 현으로 들어가서 수령을 방문하고 행조(行朝)의 소식을 물었다. 그 대략을 들으니 처연한 감정을 이길 수 없었다. 수령이 매우 정성껏 대접해 주었다. 그의 외생손(外甥孫) 수재(秀才) 성인구(成仁耈)와 성준구(成俊耈) 형제도 떠돌다 만나게 되었다. 한 번 보았는데도 오래된 듯해 며칠 동안 이야기를 나누니 마음이 조금씩 가까워졌다. 며칠 머물다 16일에 출발하려 하니 인구가 이별을 앞두고 먼저 한 수 읊조리며 난리 중의 마음을 이야기했다.

> 남북으로 떠돌던 나라 잃은 신하
> 길 떠나 석 달이 지나니 백발이 새롭구나
> 서쪽 왕 계신 곳 바라보니 천 리 밖으로 멀어
> 바다에 비치는 밝은 달에 홀로 수건을 적시네

> 流離南北有逋臣　行盡三秋白髮新
> 西望美人千里遠　海天明月獨沾巾

내가 거기에 화답했다.

   풍진 속을 떠돌아다니는 한 신하
   만 리 군왕 호위에 귀밑머리 하얘졌네
   말해 준 행조의 일에 마음이 상하고
   가슴 메운 비분함에 수건 가득 눈물이라네

   流落風塵一介臣　勤王萬里鬢霜新
   傷心說破行朝事　悲憤塡膺淚滿巾

아버지께서 또 차운해 시를 지으셨다.

   만 리의 풍진 속 한 미천한 신하
   통곡하며 변해 가는 달빛 바라보네
   어찌 조정을 지키겠다는 약속 저버리고
   서경성 밖에서 방자하게 청건을 쓰고 있나

   風塵萬里一微臣　痛哭相看月色新
   其奈朝廷空守約　西京城外恣靑巾

준구가 이어 한 수 읊조렸다.

강남에서 팔천 리 길 떠나왔으니
고향 산으로 머리 돌리면 아득히 멀구나
서창에 비친 하얀 달에 가슴속을 터놓으니
오늘 우리 만남은 좋은 인연이구려

行盡江南路八千　家山回首遠茫然
西窓雪月論懷抱　今日相逢是好緣

내가 또 화답했다.

영남으로 머리 돌려 삼천 리를 둘러보니
부평초로 서로 만난 것이 어찌 우연일까
오늘 이별하는 정자에서 혼이 끊어질 듯하니
좋은 인연이 나쁜 인연이 되었네

嶺南回首里三千　萍水相逢豈偶然
今日離亭魂欲斷　好因緣是惡因緣

11월 17일

    어제 저녁 숙박한 고을에서 바닷가 배가 정박한 곳으로 내려와 오늘 아침에 출발했다. 배는 저녁에 증산현(甑山縣)에 정박했다. 종이가 결락되어 상세하지 않다. 김군왕(金君王)에게 작별하며 입으로 시 한 수를 읊어 주었다.

    아스라한 나그네 길에서 세월은 흘러가고
    눈보라 치는 외로운 성의 우수 어린 눈동자
    오늘 하늘 끝에서 부평초처럼 만났다가
    한 동이 술에 이별의 한만 더욱 아득해라

    迢迢客路歲華遒　風雪孤城滿目愁
    今日天涯萍水會　一樽離恨更悠悠

이 아래는 종이 몇 폭이 결락되었다.

11월 25일

정주(定州)의 바닷가에 배를 정박하고 돛을 내린 뒤 고을로 들어가 신안관(新安館)에 도착했다. 진사(進士) 성문준(成文濬)을 만나 아버지와 해후의 악수를 나누며 서로 붙잡고 통곡한 뒤 행궁(行宮)의 안부를 세세하게 물었다. 선생은 평소에 조정의 어수선한 소식과 임금을 배종(陪從)하는 고난에 대해 자세히 듣고 있었으므로, 지극한 감개를 이기지 못했다. 이어서 난리 동안 옮겨 다니는 시절에 대한 감회를 읊었다. 성 진사가 화사(華使) 풍중영(馮仲纓)35)의 시에 차운한 시를 보여 주며 그 시에 화답하기를 청하기에 지었다.

> 바다의 구름 너머에 말을 달리는 행색
> 명의 원군 온다고 다투어 뗏목 올라 바라보네
> 기자의 땅 옛 백성은 살필 수 있지만
> 패성의 남은 포로는 형색이 잿빛이 되었네
> 담은36)으로 비로소 예전엔 총애 없었음 알겠으니

---

35) 풍중영(馮仲纓) : 명나라 장수로 임진왜란 후 계속 참전해 대왜군(對倭軍) 관계의 책략에 종사했다.

국난을 평정하며 세상에 없는 인재를 만났네
내주에 이르러 바야흐로 군대의 위세 떨치니
기쁜 마음으로 군기를 돌리기가 쉬워지네

騑騑行色海雲隈　爭看乘槎漢使來
箕壤舊氓眉可察　浿城殘虜色已灰
覃恩始覺無前寵　排難還逢不世才
隨到萊州方振旅　肯敎容易旆旋回

어떤 이가 아버지의 명으로 바로 삼가 차운했다.

지는 해, 외로운 구름 산성 모퉁이에 떠 있는데
고인은 나보다 먼저 채찍 잡고 왔네
전쟁 이어져 시절 위험하고 세상 어지러우니
땅은 갈라지고 하늘 무너져 반 겁에 재 되었네
행촉37)으로 이미 조갈38)의 욕이 깊어졌는데

---

36) 담은(覃恩) : 은택(恩澤)을 널리 베푸는 것이다. 옛날 조정에 경사가 있을 때, 임금이 신하에게 내리는 봉증(封贈)·상사(賞賜)·사면(赦免) 등을 통틀어 담은이라고 했다.
37) 행촉(幸蜀) : 임금이 피란하는 것을 말한다. 당(唐)나라 시인 원결(元結)이 〈대당중흥송(大唐中興頌)〉에서 현종(玄宗)이 안녹산(安祿

출사표 지은 와룡의 재주는 누가 가졌는가?
어찌 초수39)가 신정에서 울던 날처럼 하리오
난여40) 우두커니 바라보며 개선곡 연주하네

落日孤雲山郭隈　故人先我着鞭來
時危世亂連兵火　地拆天崩半劫灰
幸蜀已深臊羯辱　出師誰有臥龍才
楚囚何用新亭泣　佇見鑾輿奏凱回

山)의 난을 피해 장안(長安)을 떠난 것을 두고 "천자가 촉 땅으로 거둥하셨다(天子幸蜀)"라 한 데서 나왔다.
38) 조갈 : 원문의 조갈(臊羯)은 '조갈구(臊羯狗)'를 말하며, '누린내 나는 오랑캐'라는 뜻으로 '왜구'를 가리킨다.
39) 초수(楚囚) : 진(晉)나라에 포로로 잡혀가서 금(琴)으로 초나라 음악을 연주하며 고향을 그리워했던 종의(鍾儀)의 고사에서 유래해, 나라가 위태한 상황에서 더 이상 어찌할 수 없이 곤란한 처지에 빠져 있는 사람을 가리키는 말이 되었다. 《춘추좌씨전(春秋左氏傳)》〈성공(成公) 9년〉 참조. 또 서진(西晉) 말년에 중원을 잃고 강남으로 피난 온 관원들이 신정(新亭)에 모여 술을 마시다가 고국의 산하가 생각나서 통곡하며 눈물을 흘리자, 왕도(王導)가 엄숙하게 안색을 바꾸고는 "중원을 회복할 생각은 하지 않고 어찌하여 초수(楚囚)처럼 마주 보고 눈물만 흘리느냐"고 꾸짖은 고사가 있다. 《세설신어(世說新語)》〈언어(言語)〉 참조.
40) 난여(鑾輿) : 임금이 타는 수레를 말한다.

풍 사(憑使 : 풍중영)의 원운은 다음과 같다.

　　신안관 산모퉁이에 자리 잡고 있는데
　　험난한 여행, 길 따라 눈을 밟고 찾아왔네
　　나그네 길 따라 버들가지 해를 밀어 올리고
　　고향 동산 가관41)에는 재가 일찍 나누나
　　백성은 예전의 교화로 시와 예를 아니
　　풍속이 의관을 숭상해 훗날 인재가 나겠네
　　바다 섬 사이 떠도는 영혼은 쉴 수가 있지만
　　파월42)하신 임금은 어느 때 돌아오실까

　　新安候館倚山隈　行役逶巡踏雪來
　　客路柳條還拂日　鄕園葭管早飛灰
　　民知詩禮由先敎　俗尙衣冠見後才
　　海島游魂猶假息　名王播越幾時回

---

41) 가관(葭管) : 갈대 속에 든 엷은 막(膜)을 태워서 만든 재를 악기(樂器)의 율관(律管) 속에 넣어 기후를 점치는 것. 동지 절서에 율(律)이 황종(黃鍾)에 해당하면 황종관(黃鍾管) 속의 갈대 재가 비동(飛動)한다고 한다. 이 시에서는 동지가 빨리 찾아왔음을 비유한 것이다.
42) 파월(播越) : 임금이 도성을 떠나 다른 곳으로 피란한 것을 말한다.

이어서 하루를 머물고, 성씨 어르신과 함께 같은 집에서 이틀을 묵었다.

11월 27일

새벽에 바닷가로 나가 배를 타고 돛을 펴고 출발했다. 저녁에 선천부(宣川府) 경계의 포촌(浦村)에 정박해 그곳에 머물러 묵었다.

11월 28일

    일찍 출발했다. 순풍을 맞으니 배가 매우 빨라 의주 경계의 항구에 정박하게 되었다. 배에서 내려 육지에 올라 행장을 수습하고 바닷가 연대(煙臺)의 촌사(村舍)로 들어갔다. 임금 계신 곳이 매우 가까우니 비록 대궐을 그리워하는 마음은 위로가 되었으나, 고향은 더욱 멀어져 고향을 그리는 마음은 감당하기 어려웠다. 머물러 쉬었다. 하루는 여행 중의 갖가지 물건을 정돈했다.

12월 1일

  의주 안의 용만성(龍灣城)으로 들어갔다. 행궁 아래에 이르러 외종조(外從祖) 승지(承旨) 오봉(五峰) 이호민(李好閔)43)의 여저(旅邸)44)를 방문해 모구(旄丘)45)에서 도망 다

---

43) 이호민(李好閔, 1553~1634) : 자는 효언(孝彦), 호는 오봉(五峯)·남곽(南郭)·수와(睡窩), 본관은 연안(延安)이다. 1579년에 진사가 됐으며, 1584년에 별시문과에 을과로 급제했다. 1585년(선조 18)에 사관(史官)으로 발탁됐으며 응교와 전한을 역임했다. 1592년(선조 25) 임진왜란 때에는 이조좌랑에 있으면서 왕을 의주까지 호종했다. 임진왜란 중에는 요양(遼陽)으로 가서 명나라에 지원을 요청해 명나라의 군대를 끌어들이는 데에 크게 공헌했다. 문장에 뛰어나 임진왜란 때 왕명으로 각종 글을 작성했는데, 그가 지은 교서(敎書)는 내용이 간절하고 표현이 아름다웠으며, 교서보다는 한시에 뛰어나다는 평을 들었다. 의주에 있을 때 일본의 수중에 있던 서울을 삼도의 군사가 연합해 공격한다는 소식을 듣고 지은 시〈용만행재하삼도병진공한성(龍灣行在下三道兵進攻漢城)〉은 절창으로 널리 애송됐다. 저서로《오봉집(五峰集)》15권 8책이 있다.

44) 여저(旅邸) : 객지에 임시로 머물러 사는 집을 말한다.

45) 모구(旄丘) :《시경》〈모구(旄丘)〉에 "모구의 칡덩굴은 어찌 저리도 마디가 길게 자랐나? 숙씨와 백씨는 어찌 이토록 오래 아니 오시는가?(旄丘之葛兮 何誕之節兮 叔兮伯兮 何多日也)"라 했다. 이 시는 여

니는 도중에 만나 전쟁 중에 겪은 고초를 풀어놓았다. 이어 왕실의 전말(顚末)에 대해 세세하게 전해 들으니 슬픈 마음에 나도 몰래 눈물이 흘렀다. 드디어 주변의 촌사에 우거(寓居)하게 되었는데, 예전부터 서로 알고 지내던 조정의 인물 몇 사람이 매일 찾아와 먼 길을 찾아온 고초를 위로해 주었다.

(黎)나라의 군주가 나라를 잃고 위(衛)나라에 우거(寓居)할 때에, 여나라의 신하들이 자신들을 구원해 주지 않는 위나라 군신을 원망하는 내용이다. 모구는 앞이 높고 뒤가 낮은 언덕을 말하는데, 고국에 돌아가지 못하고 오래도록 타국에서 지내는 것을 비유한다.

다음 날(12월 2일)

　가지고 온 전죽과 장편전을 진헌하겠다는 뜻을 묘당(廟堂)⁴⁶⁾에 고했다. 묘당에서는 계달(啓達)해 본주(本州)에게 군문(軍門) 앞으로 신고 오게 했다. 이어 반료(頒料)⁴⁷⁾를 계품(啓稟)⁴⁸⁾했다. 이 아래는 종이가 결락되어 고증할 수 없다.

　삼가 살펴보면 대가(大駕)는 계사년(1593) 10월에 경성(京城)으로 호종을 끝내고 돌아왔다. 임진년(1592) 연말에서부터 계사년 초겨울까지 그 기간이 10여 개월이다. 매일 기록한 것이 많았으나 책자가 결락되어 거의 없어

---

46) 묘당(廟堂) : 군주가 조회를 받거나 정사를 의논하는 전당(殿堂)을 이른다. 《장자(莊子)》〈재유(在宥)〉에 "옛날에 현인(賢人)은 큰 산의 드높은 바위 아래에 숨어 살고 만승(萬乘)의 군주는 묘당 위에서 걱정하며 산다"라고 했다.
47) 반료(頒料) : 이서(吏胥)나 군사(軍士) 등에게 급료를 지급하는 것을 말한다. 관원이 아닌 아전에게 주는 급료는 '봉록(祿俸)'이라 하지 않고 '요(料)'라 한다.
48) 계품(啓稟) : 조선 시대에 신하가 글로 임금에게 아뢰던 일을 말한다.

지고 겨우 101~102개를 건졌다. 이 아래 7, 8조는 글자와 행마다 훼손되거나 인멸된 것이 더욱 많아 월(月)과 일(日)의 날짜가 없어서 쓰지 못했다.

모일(某日)

 결락되어 고증할 수 없다. 이후로도 이런 경우는 '모일(某日)'이라고 기록했다.

 명나라에서 제독(提督) 이여송(李如松)[49]을 보내 부총병(副摠兵) 양원(楊元)[50] 등 31인, 찬획(贊畫) 유황상(劉黃裳)[51] 등 2인을 인솔해, 병사 4만여 명을 거느리고 왜적을

---

[49] 이여송(李如松, ?~1598) : 1583년 산서(山西)의 총병관(總兵官)이 되었으며, 잠시 중앙 관직에 있다가 1587년 선부의 총병관을 지냈다. 1592년 임진왜란이 발발하자 명나라가 조선을 돕게 되어 그도 군사를 이끌고 동정에 나섰다.

[50] 양원(楊元, ?~1598) : 1592년 임진왜란 시기에 명군 부총병이었다. 총병 이여송의 부하로서 응원군을 이끌고 좌협대장으로 참전해 평양성 전투에서 공을 세우고, 1593년 벽제관 전투에서도 이여송을 구하는 등 활약을 보였다. 정유재란이 시작되자 1597년 조선에 다시 응원군으로 참전해 총병 마귀의 휘하에서 전라도 남원성에 부임해 성의 방비 강화에 힘썼다. 남원 전투가 시작되자 일본 좌군의 공격으로 고립무원 속에서 버텼으나 음력 8월 15일 남원성은 함락되었다. 다음 날 양원은 남원성을 겨우 탈출했으나 패전의 죄를 추궁받아 명군에 의해 처형당했다.

[51] 유황상(劉黃裳, ?~?) : 임진왜란 당시 그가 명에서 맡았던 정식 관

토벌하러 왔다. 이날 압록강을 건넜으므로 사민(士民)들이 용만성(龍灣城) 위에 모여 명나라 병사들이 물을 건너는 위용(偉容)을 구경했다. 위용(威容)과 보무(步武)는 엄숙하고, 군용(軍容)은 정돈되어 동국(東國) 신민(臣民)이 소와 술로 맞이해 환호하는 소리가 천지에 진동했다. 여러 학사(學士)가 운을 나누어 이 일을 읊었는데, 나도 4운으로 한 수 지었다.

> 명나라 병사 사만 비휴52)를 들고 오니
> 강 위의 깃발이 수루에 나부끼네
> 이여송 장군은 일찍이 세상에 없던 영웅
> 한황의 신무53)는 따라가기 어려워도

―――

직은 무고청리사원외랑(武庫淸吏司員外郞)이었다. 《조선왕조실록》에서 '원외랑'이나 '유 원외랑' 등으로 표현되었다. 명의 정규군이 조선에 파견될 때 병부주사(主事) 원황(袁黃)과 함께 찬획(贊畫)으로 파견되어 참모 역할 등을 수행했다.
52) 비휴(貔貅) : 옛날에 길들여 전쟁에 썼다고 알려진 맹수의 이름인데, 수컷을 비(貔)라 하고 암컷을 휴(貅)라 한다. 호랑이를 잡아먹는다고 알려져 비와 휴를 그린 기(旗)를 전쟁에 사용했다.
53) 신무(神武) : 신령스러운 무덕(武德)을 말하는데, 길흉화복(吉凶禍福)으로 천하를 복종시키고 형벌이나 살육을 사용하지 않는 것을 뜻한

기자의 땅 삼천 리 위세를 올려 주고
기세는 부상54) 육십 주를 누르네
임금 계신 곳55) 용만으로 해가 지니
타향살이 나머지 부질없이 흐르는 눈물

天兵四萬擁貔貅　江上旌旗拂戌樓
李將英雄曾不世　漢皇神武自難儔

다.《주역》〈계사전 상(繫辭傳上)〉에 "성인이 이로써 마음을 깨끗이 씻어 은밀한 데에 물러나 감추며 길흉 간에 백성과 더불어 근심을 함께해 신명(神明)으로써 미래를 알고 지혜로 지난 일을 쌓아 두니, 그 누가 여기에 참여하겠는가? 옛날의 총명하고 예지로우며 신무(神武)해 죽이지 않는 자일 것이다"라고 한 데서 온 말이다.

54) 부상(扶桑): 옛날 나라 이름이다.《양서(梁書)》권54〈제이열전(諸夷列傳) 부상(扶桑)〉에 "부상은 대한국(大漢國) 동쪽 2만여 리 밖에 있는데, 그 지역이 중국의 동쪽에 있다. 그 땅에 부상목(扶桑木)이 많기 때문에 명명한 것이다"라고 했다. 그 위치와 방향을 살펴보면 일본에 해당하기 때문에 후세에 일본의 별칭으로 사용했다.

55) 임금 계신 곳 : 원문의 가고(笳鼓)는 두보(杜甫)의 시〈증좌복야정국공엄공무(贈左僕射鄭國公嚴公武)〉의 "촉(蜀) 땅 강산에서 오는 상황[上皇 : 현종(玄宗)]의 사자가 없자, 숙종 황제(肅宗皇帝)의 사모하는 정이 엉겼다(江山少使者 笳鼓凝皇情)"라는 시구에서 유래한 것으로 가고는 날라리와 북소리의 군악(軍樂)을 가리킨다.《두소릉시집(杜少陵詩集)》권16〈팔애시(八哀詩)〉참조.

威騰箕壤三千里 勢壓扶桑六十州
落日龍灣笳鼓裏 旄丘餘息淚空流

이 아래는 결락되었다.

섣달그믐날

지평(持平) 길회(吉誨)56)가 찾아와 서로 고향을 그리워하는 회포를 풀어내었다. 이어 〈제석억선영(除夕憶先塋)〉 시 두 수를 지어 보여 주었다.

> 옛날 나의 형제를 생각하니
> 명절에 함께 산소에 올랐지
> 고향의 선영57)에서 배회하다

---

56) 길회(吉誨, 1549~1593) : 자는 사가(士可), 호는 징강(澄江), 본관은 해평(海平)이다. 고려 말 문하주서(門下注書) 길재(吉再)의 후손으로, 할아버지는 길대연(吉大淵)이고, 아버지는 성균생원 길면지(吉勉之)이며, 어머니는 최이한(崔以漢)의 딸이다. 1592년 병조정랑으로서 임진왜란을 맞아 선조를 호종해 영변에 갔다가 어가(御駕)가 의주로 향하자 세자를 호종했다. 그해 지평이 되고 이듬해 승문원교리 및 지평·헌납·직강 등을 역임했으며, 선조가 환도할 때 연(輦)에 오르자 와신상담(臥薪嘗膽)의 고사를 인용해 연을 버리고 말을 타고 돌아갈 것을 주청해 흔쾌한 윤허를 받았다.
57) 고향의 선영 : 원문의 송추(松楸)는 소나무와 가래나무로, 묘지에 많이 심어 분묘(墳墓)나 선영을 뜻하는 말로, 선산(先山)이 있는 고향을 말한다.

섬돌 사이 풀숲에 절하고 꿇어앉았지
서쪽 변방에서 일 년을 보내니
남쪽 고향은 어느 때 돌아갈까
전쟁은 아직도 끝나지 않아
늙은이 수심에 잠겨 눈물만 떨구누나

憶昔我兄弟　名辰登墓山
徘徊松楸下　拜跪草階間
西塞一年盡　南鄕何日還
兵塵猶未息　老淚泫愁顔

또 지었다.

남쪽 고향은 전쟁 중이고
초가집은 모두 재가 되었네
변방에서 걱정에 애가 끊어지고
고향의 선영 바라보는 눈 치켜뜨네
선영은 응당 적적하리니
옛 비석만 우뚝하구나
새로운 연호는 알지 못하리니
누가 한 잔 술 바쳐 올릴까

南鄉兵火裏　茅宅盡成灰
邊塞愁傷斷　松楸望眼擡
先塋應寂寂　舊碣但崔崔
未識新元朔　其誰奠一杯

내가 이어 차운하기를

오늘 밤이 제야라
아득하게 고향 생각나네
서리와 눈 속에 선영 받들며
난리 속에도 아름다운 절행이네
나라 안은 여전히 전쟁 중이라
하늘가 나그네는 돌아가지 못하네
새해라 밝아 오는 해를 보니
노인의 얼굴에 수심 더욱 깊다네

今夕是除夜　悠悠憶故山
封塋霜雪裡　佳節亂離間
海內兵常鬪　天涯客未還
新年在明日　更覺老愁顔

또 초라하게 떠돌며58) 읊었다.

사람은 이미 재앙59) 속이고
선영에는 풀만 수북하다네
고향 산 향해 눈을 들어 보니
분개함은 두소릉60)인데

---

58) 초라하게 떠돌며 : 원문의 '쇄미(瑣尾)'는 초라한 행색으로 타지를 떠도는 어려운 처지를 가리키는 말이다. 《시경》〈패풍(邶風) 모구〉에 "초라하고 초라해, 떠돌아다니는 사람이로다(瑣兮尾兮, 流離之子)"라고 한 데서 온 말이다. 여기서는 전란으로 떠도는 신세를 뜻한다.

59) 재앙 : 원문의 '겁회(劫灰)'는 '겁화(劫火)의 재'라는 뜻으로, 재앙을 뜻하는 불교 용어다. 하나의 세계가 끝날 즈음에 겁화가 일어나서 온 세상을 다 불태운다고 하는데, 한 무제(漢武帝) 때 곤명지(昆明池) 밑바닥에서 나온 검은 재에 대해, 인도 승려 축법란(竺法蘭)이 "바로 그것이 겁화를 당한 재[劫灰]"라고 대답했다는 고사가 전한다. 《고승전(高僧傳)》권1 〈축법란〉 참조.

60) 두소릉(杜少陵) : 성당(盛唐) 시기에 이백(李白)과 함께 최고의 시인으로 꼽히는 두보(杜甫, 712~770)를 가리킨다. 일찍이 검교공부원외랑(檢校工部員外郎)을 지냈으므로 '두 공부(杜工部)'라고도 부른다. 그의 자는 자미(子美), 호는 소릉야로(少陵野老) 또는 두릉포의(杜陵布衣)라고도 하는데, 두심언(杜審言)의 손자다. 그는 이전의 낭만주의적 시풍 위에 우국충정으로 당대의 현실을 잘 반영하는 한편 개성적이고 창의적인 표현으로 이전과는 새로운 차원의 시풍을 이룩했다. 후세에 그를 '시성(詩聖)'이라 부르고, 그의 시를 '시사(詩史)'라 불렀다. 고

재주는 최 학사[61]가 아니네
　　떠돌다 좋은 시절을 만나
　　눈물 흘리며 술잔 드누나

　　人間已劫灰　草侵先隴沒
　　眼向故山擡　憤切少陵杜
　　才非學士崔　飄零常佳節
　　揮淚且含杯

이 아래는 결락되었다.

도의 형식미를 갖춘 율시(律詩)를 잘 지었다.
61) 최 학사 : 최치원(崔致遠, 857~?)을 말한다. 최치원의 자는 고운(孤雲)·해운(海雲), 시호는 문창후(文昌侯)다. 12세 때 당(唐)나라에 유학해 17세에 과거에 합격했다. 28세 때 귀국해 한림학사(翰林學士)를 시초로 내외의 여러 직책을 역임했는데, 벼슬이 아찬(阿湌)에 이르렀다. 그 후 난세를 비관하며 각지를 유랑하다가 가야산 홍류동에 들어가 여생을 보냈다. 저서는 《고운집(孤雲集)》·《계원필경(桂苑筆耕)》·《석순응전(釋順應傳)》 등이 있다.

계사년(1593) 정월 초

찬획 유황상의 〈입춘(立春)〉 시에 차운해 5언과 7언 각 한 수를 지었다.

>바람과 해가 봄날 같으니
>압록의 나루에는 향기 어리네
>승전 소식 오늘 밤에 알려 오니
>나그네 또 봄을 만났네
>하늘과 땅을 다시 만들게 되었으니
>백성을 중흥해 문물을 새롭게 하리
>황은이 어찌나 끝이 없는지
>감격의 눈물이 변방의 먼지를 적시누나

>風日屬芳辰　氤氲鴨綠津
>捷音今報夜　遊子又逢春
>再造乾坤定　中興民物新
>皇恩何罔極　感淚洒邊塵

또 지었다.

동풍 불어 봄소식 알려 오니
상서로운 햇살과 구름 새벽 나루에 어리네
빛을 찾은 기린은 대낮에 빛나고
태평한 관료들은 푸른 봄을 빛나게 하네
서쪽 변방엔 온통 맑은 황제의 위엄 떨치고
다시 만들어진 우리나라 황제의 은택 새롭네
온 세상 돌아서 왕의 어가 돌아왔으니
개선의 노래 말굽의 먼지 따라오리

東風吹報艶陽辰　瑞旭祥雲藹曉津
光復麒麟輝白日　太平冠冕耀靑春
一淸西塞皇威振　再造東藩帝澤新
地轉天旋龍馭返　凱歌應逐馬蹄塵

유 공(유황상)의 원운은 다음과 같다.

연나라 궁궐에 삼신[62]이 열려
깃발 들고 나루터로 올라왔네

---

62) 삼신(三辰) : 해, 달, 별을 말한다.

강산이 비록 다른 나라지만
해와 달은 같은 봄이라네
바람이 부니 앵황 소리 일찍 들리고
얼음이 녹으니 압록강이 새롭다네
동황63)은 도리어 뜻이 있어
우리나라64)의 전쟁을 고요하게 했네

燕闕啓三辰　旌旄擁上津
江山雖異國　日月是同春
風轉鸞簧早　氷開鴨綠新
東皇還有意　滄海靜煙塵65)

---

63) 동황(東皇) : 봄의 신인 태일(太一)을 가리킨다. 이 신사(神祠)가 초(楚)나라 동쪽에 있다 해서 동황(東皇)이라 했다.
64) 우리나라 : 원문의 창해(滄海)는 지명으로 창해군(滄海郡)을 말하는데, 지금의 강원도 강릉 지역이다. 본래 예(濊) 땅으로, 한 무제(漢武帝) 원삭(元朔) 5년에 예의 임금 남려(南閭)가 조선 왕(朝鮮王) 우거(右渠)를 배반하고 요동(遼東)의 속국이 되자, 한 무제가 그곳에 창해군을 두었다가 수년 후에 폐지했다. 이후 우리나라를 일컬을 때 창해라는 명칭을 사용했다.
65) 연진(煙塵) : 봉화 연기와 전장에서 일어나는 먼지로, 전란을 의미한다. 당나라 두보(杜甫)의 시 〈야(夜)〉에, "연진이 대궐 문을 둘렀으니, 백발의 씩씩한 뜻 어긋나 버렸도다(煙塵繞閶闔, 白首壯心違)"라고 했다. 《전당시(全唐詩)》 권230 〈야(夜)〉 참조.

이호민도 차운했다.

 떠돌다 여전히 아름다운 때를 만나니
 봄기운 해 저무는 나루터에 떠도네
 천자의 덕을 흠뻑 받아서
 계사년에 봄을 보게 되었네
 어젯밤 요사한 별은 사라지고
 오늘 아침 맑은 기운 새로워라
 봄바람 역마를 따라와
 승전 소식 대궐 문에 닿았네

 漂迫尙佳辰　靑陽動晩津
 偏承天子德　得見癸年春
 昨夜妖星沒　今朝淑氣新
 東風隨驛馬　報捷午門塵

이 아래는 결락되었다.

1월 6일

첨지(僉知) 임발영(任發英, ?~?)66)이 동조(東朝)에 있으면서 7언 율시 한 수를 지어 편지와 함께 지평 길회에게 부쳤는데, 길 공이 나에게 보여 주면서 화답하기를 요청해 내가 세 수를 차운했다.

천지의 해, 달, 별이 유월을 알리니
난리 중 심사는 참으로 형용하기 어렵네
조종의 왕위는 언제 회복해
백성의 재앙67)이 끝나고 편안해질까

---

66) 임발영(任發英, 1539~?) : 자는 시언, 본관은 장흥(長興)이다. 1568년(선조 1) 사마시에 합격했다. 1592년 임진왜란 때 종묘서령(宗廟署令)으로 종묘의 신주(神主)를 받들어 모신 공으로 선조(宣祖)가 무과 시험을 보게 해 그해 안주목사가 되었다. 이듬해에는 운량사(運糧使)로 군량 수송의 공을 세웠다. 1604년 호성공신(扈聖功臣) 3등으로 책정되어 예양군(汭陽君)에 추봉되고 형조판서에 추증되었다.
67) 백성의 재앙 : 원문의 어육(魚肉)은 물고기와 육고기를 통칭한 말인데, 사람들을 잔인하게 짓밟아 해치는 것을 비유하는 말로도 쓰인다. 여기서는 후자의 의미로 쓰였다. 《후한서(後漢書)》〈중장통전(仲長統

서리 같은 귀밑머리 옷깃에 드리워 하얗고
봄이라 버들잎 푸른 실처럼 하늘거리네
고인의 소식은 주옥68)이 되는데
양 소매로 늙은이의 눈물 어찌 감당하랴

天地三陽報六冥　亂離心事固難形
祖宗神器何時復　魚肉生靈訖可寧
霜滿鬢毛垂頷白　春歸柳葉弄絲靑
故人消息承珠唾　雙袖那堪老淚零

또 지었다.

행궐인 원조69)에 서명70)을 축하하니

傳〉〉에 "백성을 어육으로 만들어 그 욕심을 채웠다(魚肉百姓, 以盈其欲)"라는 구절이 보인다. 명·청 교체기 때 송산보(松山堡)를 비롯한 주변 일대에서 치열한 전투가 있었고, 그 과정에서 많은 사람이 참혹하게 죽었음을 어육에 비겨 말한 것이다.

68) 주옥 : 원문의 '주수(珠唾)'는 《진서(晋書)》의 "기침과 침은 주옥(珠玉)을 이룬다"는 말에서 나온 것이다. 말이나 글이 입만 떼면 아름다운 주옥이 된다는 뜻이다.

69) 원조(元朝) : 임진왜란 때 삼도(三都 : 한양·개성·평양)가 함락

건곤이 편안해지고 만물은 형태를 잡았네[71]
황제의 군대가 이겼다는 큰 공 알려 오니
나라의 근본이 편안토록 빛을 찾아야 하리
변방에서의 일 년[72] 근심 속에 늙어 가는데

되고 함경도까지 적이 침략해 나라가 위급하게 되자 선조(宣祖)는 장차 요동(遼東)으로 망명할 목적으로 의주로 가면서 평안도 박천에서 왕세자인 광해군으로 하여금 종묘사직을 받들고 본국에 머물도록 했다. 이때 조정을 갈라 의주의 행재소(行在所)를 '원조정(元朝廷)'이라 하고 세자가 있는 곳을 '분조(分朝)'라 했다. 즉, 분조는 선조가 요동으로 망명할 것에 대비해 임금을 대신해 나라를 다스리라는 왕명에서 나온 소조정(小朝廷)이다.

70) 서명(瑞蓂) : 요(堯)임금 때 났다는 상서로운 풀인 명협(蓂莢)을 말한다. 초하루부터 보름까지 하루에 한 잎씩 났다가 다음 날부터 그믐까지 한 잎씩 떨어졌는데, 작은 달에는 마지막 한 잎이 시들기만 하고 떨어지지 않았다고 한다. 이것으로 날짜를 계산했으므로 '역협(曆莢)'이라고도 했다.

71) 만물은 형태를 잡았네 : 《주역》〈건괘(乾卦) 단(彖)〉에 "여섯 마리의 용을 타고 하늘을 어거한다(乘六龍以御天)"라는 말과 "구름이 행하고 비가 내리자, 만물이 각각 형태를 갖추고 움직이기 시작한다(雲行雨施 品物流形)"라는 말이 나온다.

72) 일 년 : 원문의 '성상(星霜)'은 1년에 한 번 도는 성신(星辰)과 매년 추위를 당해 떨어지는 서리라는 뜻으로, 보통 연세(年歲)를 가리킨다. 여기서는 진우재 양황이 의주로 몽진한 선조를 찾아가며 보낸 1년을 말한다.

고향 산의 소나무, 전나무는 꿈속에 푸르네
속세에서 이별[73]은 정해지지 않았으니
달 보며 서로 그리워 눈물만 흘리누나

行闕元朝賀瑞蓂　乾坤交泰物流形
膚功佇報皇師捷　光復先要邦本寧
絶塞星霜愁裡老　故山松檜夢中靑
風塵未定音容隔　望月相思但涕零

또 지었다.

나그네로 보낸 세월 몇 달이 바뀌었나
하늘 끝에서 흰머리 쇠산한 모습 부치네
술을 더해도 근심에 취하지 않고
봄이라 돌아가고픈 마음에 더욱 편치 않네
학야의 차가운 구름은 쓸쓸하고 쓸쓸한데
한궁의 성근 버드나무는 푸르고 푸르구나
황제의 군대 개선해 돌아올 날 얘기하니

---

73) 이별 : 원문의 '음용격(音容隔)'은 소리와 모습이 떨어지게 되었다는 뜻으로, 사람이 헤어져 지내게 되었음을 말한다.

고생 끝에 동산에도 비의 은택이 내리누나

客裡光陰換幾賞　天涯白首寄殘形
酒添愁抱難成醉　春撼歸心轉不寧
鶴野寒雲看慘慘　漢宮疎柳想靑靑
皇師奏凱言旋日　應勞東山濛雨零

임 공(임발영)의 원운 시는 다음과 같다.

반년 동안 함께 기도한 게 몇 달이런가
외로운 배에서 작별하며 갑자기 헤어지네
손바닥 안 남은 독은 여전히 없애기 어렵고
무릎 위 남은 상흔 아직도 낫지는 않았네
한성을 지키기도 부족하니 누가 흰머리 뽑으며
노주가 보기에도 부족하니 청춘 되돌리기 어렵네
성안의 지난 일들 모두 티끌 같으니
떠오르는 추억 오늘 같아 저절로 눈물 떨구누나

半歲同禍閟幾賞　孤舟敍別遽分形
掌中餘毒猶難殄　膝上遺痕尙未寧
手乏韓星誰鑷白　眼稀盧酒戡回靑
成都往事俱塵跡　追想如今涕自零

길 공이 차운한 것은 다음과 같다.

　　작별하기까지 계명[74]이 얼마나 바뀌었던가
　　각자 하늘가에서 죽어 가는 모습 보전했네
　　일찍이 함께 단란할 때 정성을 다했고
　　다시 편지 보내 거짓 없는 진실함 다했네
　　당나라의 시가로는 모두 이백을 꼽는데
　　한대의 장군으로는 여러 젊은이가 있다네
　　앞으로 두 사람 모름지기 힘쓰고 힘써
　　가는 해에 떠도는 신세 한탄하지 마시게

　　別來多少換階蓂　各保天涯半死形
　　曾與團欒輸悃愊　更憑書札致丁寧
　　唐家詩律全推白　漢世將軍獨數青

---

74) 계명(階蓂) : 전설 속 상서로운 풀인 명협(蓂莢)으로, 이 풀이 계단을 끼고 자란다고 해서 붙은 이름이다. 이 풀은 매달 1일부터 15일까지는 잎이 하루에 하나씩 피고 15일 이후로는 매일 잎이 하나씩 지며, 작은 달에는 마지막 한 잎이 시들기만 하고 떨어지지는 않으므로 이것으로 날을 계산해 달력으로 삼았다고 한다. 때가 봄임을 말한 것이다. 《죽서기년(竹書紀年)》 권상(卷上) 참조.

將此二人須勉勖　莫敎衰暮歎飄零

이 아래는 80여 폭이 결락되었다.

모월 모일

　대가가 용만성(龍灣城)을 출발해 경도(京都)로 돌아오는데, 청필(淸蹕)[75]해 길을 열고, 우위(羽衛)[76]가 장식하고 길을 가니, 군신(君臣)들이 모여들고 만민(萬民)이 종이가 결락되었다. 내가 아버지를 모시고 호종해 돌아왔다. 또 결락되었다. ○ 이 아래 몇 폭이 결락되었다.

---

75) 청필(淸蹕) : 임금이 행차할 때 사람들의 통행을 금하고 길을 깨끗이 치우도록 관원이 외치는 소리나 행차를 말한다.
76) 우위(羽衛) : 제왕을 호위하는 군사와 의장(儀仗)을 이르는 말이다. 《구당서(舊唐書)》 118권 〈조은전(趙隱傳)〉에 "덕종(德宗)이 봉천(奉天)에 행차했는데, 그때 변란이 창졸간에 일어나서 우위가 집합하지 못했다"라고 한 기록이 있다.

모일(某日)

어가를 호종해 정주(定州)에 도착했다. 내가 마침 한나라 사람으로 성이 유(劉)씨이고, 이름이 유량(惟亮)이며, 자가 중안(仲安)이라는 사람과 거의 10여 일 동안 같이 지내며 붓으로 혀를 대신해 서로 글을 써서 보여 주며 묻고 답했다. 유씨는 자신이 한고조(漢高祖)[77]의 31대손인데 지금은 오 유격(吳游擊)[78]의 휘하에 있으며, 방뇌포(放雷炮)를 익혀서 절강(浙江)에서 여러 번 왜구를 방어했다고 했다. 이전에

---

77) 한고조(漢高祖) : 중국 한(漢)나라의 제1대 황제(BC 247~BC 195, 재위 BC 206~BC 195)다. 성은 유(劉), 이름은 방(邦), 자는 계(季)다. 시호는 고황제(高皇帝)이며 묘호는 고조(高祖)다. 진시황이 죽은 다음 해에 항우와 합세해 진(秦)나라를 멸망시켰다. 그 뒤 해하(垓下)의 싸움에서 항우를 대파해 중국을 통일하고 제위에 올랐다.

78) 오 유격(吳游擊) : 오유충(吳惟忠, ?~?)을 말한다. 임진왜란 때 원병(援兵)으로 온 명나라 장수로, 절강성 의조현 출신이다. 1593년(선조26) 파병 당시 우군 유격장군(遊擊將軍)이었으므로, '오 유격'이라 한 것이다. 제4차 평양 전투 때, 앞장서서 적의 총탄을 맞았음에도 불구하고 군사들을 독려해 사기를 높였다. 정유재란 때는 충주를 지키는 임무를 맡았다. 고령의 그는 전쟁이 끝나자, 관직에서 물러나 고향에서 말년을 보냈다.

평양성 전투에서 자신들의 공이 많으며, 오직 우리나라 사람도 그것을 안다고 했다.

나는 "이 제독(李提督)이 남북군(南北軍)으로 나누어 공을 따지는 것이 불만스럽고, 공을 나누는 것이 공평하지 못합니다. 북군(北軍)이 일등을 차지하고 남군(南軍)은 도리어 3, 4등을 했으니, 우리의 오늘 불만을 어찌 다 말하겠습니까?"라고 했다. 또 "나는 적의 탄환이 왼쪽 다리에 박혀 걸음을 걸을 수 없어 전장에서 돌아왔습니다"라고 했다.

여러 날 동안 토론하니 정이 더욱 깊어졌다. 유유량(劉惟亮)의 사람됨은 순박하며 맑고 신중했으며, 칼을 잘 다루었고, 문자에도 거칠게나마 조예가 있어 제법 취할 만한 것이 있었다. 작별할 때 나도 몰래 슬퍼서 고풍(古風) 한 편을 지어 이별하며 주었다.

> 내 들건대 그대는 한(漢)의 후예라지요
> 말 위에서 남은 유풍이 후세에 드리웠구려
> 영웅의 흥폐는 지나가는 새[79]와 같고

---

79) 지나가는 새 : 원문은 과조(過鳥)로, 세월이 매우 빠름을 비유한 말이다. 두보의 〈이화양유소부(貽華陽柳少府)〉 시에 "여생은 눈앞에 스쳐 간 새와 같아라, 고향 마을이 이젠 빈터가 되어 버렸네(餘生如過鳥

활달한 거동은 지금도 여전히 남아 있구려
황명을 공경히 받들어 만 리를 왔으니
기자의 땅, 안동에서 위무 드날려야지요80)
원공은 이루지 못하고 상처만 안고 돌아와
검 어루만지며 대낮에도 장엄한 혼 드날리고
청명한 어느 날 다시 만나기를 바라니
해마다 봄이면 왕손을 그리워하겠지요

吾聞君是漢家裔　馬上餘風垂後昆
英雄興廢如過鳥　豁達儀表今尙存
欽承皇命越萬里　鷹揚箕野安東藩
元功未就扶瘡還　撫劒白日飛壯魂
淸光何日獲再接　年年春草思王孫

이 아래 두세 폭이 결락되었다.

故里今空村)"라고 했다.
80) 드날려야지요 : 원문의 '응양(鷹揚)'은 매가 날아오르듯이 용맹하게 위무(威武)를 떨친다는 뜻이다. 《시경》〈대아(大雅) 대명(大明)〉에서 "태사인 상보가 때로 매가 날듯이 해, 저 무왕을 도와 군대를 풀어 상나라를 정벌하니, 전투를 치르는 날 아침 날씨가 청명하도다(維師尙父 時維鷹揚 涼彼武王 肆伐大商 會朝淸明)"라 했다.

모일(某日)

어가가 숙천부(肅川府)81)에 도착했다. 숙천부에는 경간당(敬簡堂)이 있었는데, 이오봉이 그 벽판에 있는 시에 차운했다.

> 돌아보니 삼십이 년이 바빴는데
> 난후에 이 당 오르는 일 어찌 또 있을까?
> 밤비 내리는 침상에서 홀로 수심에 잠기니
> 봄이 온 못의 방초는 꿈에서도 서늘하네
> 인간 세상 흐르는 물은 본래 소식이 없는데
> 나그네의 갑옷은 여전히 빛을 발하고 있구려
> 내 친척과 해를 보내며 이별함을 슬퍼하노니
> 황향선침82)하며 우리가 지낸 날 추억하려오

---

81) 숙천부(肅川府) : 평안남도 숙천군의 조선 시대 이름으로, 행정 구역 개편으로 1416년(태종 16)에 '숙천도호부'로 승격되어 조선 시대 동안 유지되었으나, 1670~1678년에 현으로 강등되기도 했다.
82) 황향선침(黃香扇枕) : 황향(黃香)은 한(漢)나라 강하(江夏) 사람으로, 어려서부터 효성이 지극했는데 9세에 어머니를 여의고는 사모하는 마음에 초췌해 거의 죽게 되었으므로 마을 사람들이 그 효성을 칭찬했

回頭三十二年忙　亂後那堪上此堂
夜雨匡床愁獨倚　春塘芳草夢全凉
人間逝水元無信　客路戎衣尙有光
惆悵吾親經歲別　黃香扇枕憶平常

나도 두 수를 차운했다.

세월이 흘러 귀밑머리에 서리가 내리고
나그네 지팡이 잡고 만당에 기대누나
검 어루만지니 천지간에 노랫소리 감개하고
뜰에 가득한 비바람에 기운은 더욱 처량하네
한궁의 꽃버들은 의지할 곳이 없는데
영외의 노년은 여전히 빛을 발하고 있네
어느 날에 우리 땅83) 회복해

다. 어머니가 돌아가신 뒤에는 홀로 된 아버지를 정성을 다해 봉양했는데, 더운 여름이면 아버지의 베개와 이부자리를 부채로 시원하게 하고, 겨울이면 체온으로 이불을 따뜻하게 하니, 고을의 태수가 나라에 주문(奏聞)해 이로부터 세상에 이름이 알려졌다. 후에 벼슬이 상서령에 이르렀다. 《후한서(後漢書)》 권80 상(上) 〈문원열전(文苑列傳) 황향(黃香)〉 참조.

백성 편안하게 다시 예와 같이 될까

星霜荏苒鬢邊忙　遠客扶節倚晚堂
撫劍乾坤歌感慨　滿庭風雨氣凄涼
漢宮花柳應無賴　嶺外桑楡尙有光
何日金甌收復後　奠安民物更如常

또 지었다.

봄날 돌아가려는 마음에 밤낮으로 부산한데
영남 천 리 밖의 어머니84) 그리워지네
전란이 끝나면 늙어 가는 것이 걱정이고

---

83) 우리 땅 : 원문의 '금구(金甌)'는 국가의 영토를 뜻하는 말로, 남조(南朝) 양(梁)나라 무제(武帝)가 "우리 나라는 마치 황금 단지와 같아서 하나도 상하거나 부서진 곳이 없다(我家國猶若金甌 無一傷缺)"라고 한 고사에서 유래한 말이다. 《양서(梁書)》 권56 〈후경열전(侯景列傳)〉 참조.

84) 어머니 : 원문의 '훤당(萱堂)'은 '훤초(萱草)'가 자라는 북당(北堂)을 말하며, 어머니를 가리키는 말이다. 《시경》 〈위풍(衛風) 백혜(伯兮)〉에 "어이하면 훤초를 구해 집 뒤에 심을까(焉得諼草 言樹之背)"라고 했는데, '훤초(諼草)'는 '훤초(萱草)'와 같으며, 《모전(毛傳)》에서 "배(背)는 북당(北堂)이다"라고 했다.

바람, 이슬, 가랑비에 나그네 처량함 더하네
누가 서생은 담대함이 없다고 했는가
때때로 허리 검에서 용광이 솟아난다네
십 년 동안 이리할 줄 알고 제주[85]해
태상기[86]에 기린을 그려 놓았네

春撼歸心日夜忙　嶺南千里憶萱堂
兵戈阻絶愁增老　風露霏微客抱凉
孰謂書生無膽氣　時看腰劒射龍光
十年題柱知如許　圖畫麒麟載太常

이하는 결락되었다.

---

85) 제주(題柱) : 기둥에 입신양명(立身揚名)의 포부를 적는 것이다. 한(漢)나라 사마상여(司馬相如)가 장안(長安)으로 들어가면서 촉(蜀) 지방의 승선교(昇仙橋) 기둥에 "대장부가 사마(駟馬)를 타지 않고는 다시는 이 다리를 지나지 않으리라"라고 적었다는 고사에서 온 말이다.《한서(漢書)》권57〈사마상여전(司馬相如傳)〉참조. 두보(杜甫)는 "씩씩한 기개로 처음에 제주했거늘, 지금은 굴러다니는 쑥대 신세라네(壯節初題柱　生涯獨轉蓬)"라고 했다.《두소릉시집(杜少陵詩集)》권3〈투증가서개부한이십운(投贈哥舒開府翰二十韻)〉참조.

86) 태상기(太常旗) : 국가에 큰 공이 있어 태상기에 기록한 것을 말한다. 태상기는 해, 달, 별, 용을 그린 임금의 기(旗)다.

모일(某日)

　　호종하는 어가가 영유현(永柔縣)에 이르렀다. 객지에서 여기저기 떠돌며 봄날의 우수(憂愁)가 넘쳐 스스로 감당하기 어려웠다. 이에 《영규율수(瀛奎律髓)》[87]에 수록된 이창부(李昌符)의 〈여유상춘(旅遊傷春)〉 시에 차운해 뜻을 표현했다.

　　　오랜 나그네 생활 한서에 시달리는데
　　　전쟁은 아직 끝나지 않았네
　　　하늘과 땅은 원통한 핏빛이요
　　　집안과 나라는 잿더미 속이라네
　　　차가운 밤 누대에 뜬 달

---

[87] 《영규율수(瀛奎律髓)》: 원(元)나라 방회(方回)가 당·송의 시를 모아 49권으로 정리한 책 이름인데, 1조(祖) 3종(宗)의 설을 제창하면서, 시마다 평어(評語)를 가하고 일화를 소개했다. 1조는 두보(杜甫), 3종은 황정견(黃庭堅)·진사도(陳師道)·진여의(陳與義)다. 영규(瀛奎)는 '열여덟 학사가 영주에 오르다(十八學士登瀛洲)'와 '다섯 개의 별이 규성 자리에 모이다(五星聚奎)'라는 말에서 따왔고, 모두 5언과 7언의 율시만 모았기 때문에 율수란 말을 붙인 것이라 한다.

변방의 봄 초목에 부는 바람
부평초처럼 정처 없이 떠돌며
남북으로 갔다가 동서로 갔다가

客久罹寒暑　兵戈尙未終
乾坤寃血裡　家國却灰中
寒夜樓臺月　邊春草木風
萍蓬無定跡　南北又西東

이 아래 수십여 폭이 결락되었다.

삼가 살펴보건대, 《용만분문록》은 돌아가신 할아버지께서 임진왜란 때 아버지 서계 공을 모시고 의주로 몽진한 임금을 찾아가 분문한 일기다. 본래 《용만분문록》은 100여 폭이었는데, 병자호란 때 땅에 묻어 두고 호서(湖西)로 군사를 피했는데 적들이 땅을 파고 꺼내어 던져 버렸다. 그리하여 피난민들에게 훼손되고 찢어지며, 비와 눈에 마모되고, 진흙에 파묻혀 거의 결락되었다. 겨우 한두 폭이 존재했지만, 글자가 빠지고 행이 일그러진 것이 곳곳에 너무 많아 고증할 수 없었다. 계사년 봄 이후부터는 모두 결락되고 한 폭, 한 행도 남은 것이 없으며, 어가를 호종해 도읍으로 돌아올 즈음에는 기록이 영유현에서 그치고 있다.

아! 부군께서는 이때 나이가 18세였다. 충효의 자질과 의열(義烈)의 절조로 부모님[88]에 대한 효행을 드러내어 수천 리 풍랑을 헤치고 모시고 갔다. 의주 변방에서 왕을

---

88) 부모님 : 원문의 '정위(庭闈)'는 부모님이 거처하는 방으로, 부모님이나 고향 집을 비유한다. 《시경》〈소아(小雅)〉에 있는 〈남해(南陔)〉는 제목만 있고 내용이 없는데, 진(晉)나라 속석(束晳)이 지은 보망시(補亡詩)에 "남쪽 섬돌을 따라 올라가, 난초 캐어 어버이께 바쳐 올리리. 어버이 계신 곳 돌아보며 생각하느라, 마음이 편안할 틈이 없다오(循彼南陔 言采其蘭 眷戀庭闈 心不遑安)"라는 말이 나온다.

보필하며 어가를 호종하는 대열에 합류해 거의 1년을 보냈다. 충근(忠勤)함으로 고난을 겪은 일은 대부분 이 기록으로 그 실제(實際)를 알 수 있는데, 전쟁 중의 화재로 거의 다 없어지고 여기에 이르게 되었다. 지금 유고(遺稿)를 참조해 교정하고, 기록을 보완한 것이 비록 이와 같으나 어찌 그 만분의 일이라도 얻은 것이겠는가? 탄식만 나오는구나!

숭정기원무진후삼십육년(崇禎紀元戊辰後三十六年) 계묘년(癸卯年, 1663) 5월 상완(上浣)에 불초손(不肖孫) 석구(錫九) 삼가 쓰다.

원문

題龍灣奔問錄

　　右奔問錄 卽梁中丞聖揆氏先代眞愚公 當壬辰倭亂 奉其
尊府西溪公 奔龍灣所錄也 時眞愚公年十八 能隨親行跡涉數
千里從扈泥露 斯已奇矣

　　余觀錄中所記 其詞翰之淸麗 策慮之詳切 儘有人不可及
者 而無非從忠肝義膽 中流出讀之 令人曠世起感 有足以激厲
頹俗 增宇宙三綱之重 爲之三復歎尙

　　西溪公 諱弘澍 字大霖 少游先正成文簡門 有忠孝節行 抗
章斥奸凶 幾陷大禍 眞愚公 諱梡 字學器 詞學爲前輩朋游所
推重 不幸早沒 今上朝因大臣筵白 贈西溪吏曹參議 眞愚司憲
持平 後承以文行世其家 持平之孫右尹及其胤中丞 仍世籍文
譜 方位列淸顯 先代不食之報 殆其在是歟

　　歲壬辰孟春完山崔錫鼎 謹書

龍灣奔問錄

萬曆二十年 壬辰夏四月 倭奴大擧入寇 湖嶺列郡 望風瓦解 虜兵長駈渡江 京城不能守大駕西 幸家君以爲受國厚恩 安可以布衣微賤 而竄身逃生不赴國難乎

遂與同志之士 謀興義師 以效萬一 而是時鄭仁弘 方爲義兵大將 嶺右諸義兵 咸統之 余乃白于家君曰 彼旣爲大將 而諸兵咸推爲盟主 吾不當苟處於其間 而受其節度 若及斯時 奔問行朝 則爲臣盡節之義 於是乎得 而臨亂效命之志 庶可以伸矣

家君悅曰 汝言甚善 正合吾意 遂結計勤王 乃傾財破産 備得未造箭竹四萬枝 已造長片箭三百部

余侍奉西征 家有慈親 只率二妹一弟 皆幼稚 而弟則纔三歲矣 家君乃托之於兩叔父 是歲孟冬之初吉 離家向湖南而行 此間相離之情 雖以大義制之去留 顧戀之懷 烏得以自抑乎

壬辰十月初一日 朝發咸陽鄕家 午踰八良嶺 回顧家山 慈闈漸遠 瞻望西天 行宮杳然耿耿 此懷彌結于中 無以自遣 夕宿于雲峯縣村舍

初二日 早朝發行 夕宿于南原屯德里奴大好之家 其村舊識諸人 皆聞來訪 相敍阻濶之情 仍說此行之由 或有慨然 勸勉者矣

初三日 朝後乃發 夕宿于任實縣地全州之界村舍

初四日 早朝發行 午到萬馬洞 秣馬 夕抵全州府下州 是雄府巨鎭 而爲一道之都會處也 軍伍征役有倍他邑 警報頻傳 閭井騷然 止宿府底村舍

初五日 晚發夕到臨陂縣 縣乃湖南海隅也 將覓舟浮海 而陰風吹不順 玆未能發舡 仍留駐村舍

初七日 留此地已三日 而風勢益惡 不得發舡 只留三奴 以供行役中使喚 其餘奴馬盡還鄉家 其送歸之懷 辭去之色 亦不堪其黯然者矣

十三日 逆風連日不止 濡滯幾浹旬 西行若無期 旅情益苦 愁思悄然 惟吟杜工部揮涕戀行在之句而已 適湖南都事崔公鐵堅 入縣與二三豪士 作新亭之會 余侍家君 亦與其會 酒半崔公先吟一律曰 渡水臨陂縣 從事自青州 末世眞如夢 親朋半作幽 乾坤零落日 湖海寂寥秋 奇策今休道 朝廷已運籌 余敬步以呈曰 關西一萬里 發軔自南州 今夕樽前恨 他鄉客思幽 陰風連十日 旅館若三秋 戎馬何時定 盤中請借籌 趙上舍德弘見 而次其韻 寀簡以贈家君曰 美人今何在 消息隔西州 敵愾山河恥 聞雞夢寐幽 民心思漢日 父老望旗秋 持臂雖無策 止戈請借籌 家君使某還次以答 東夏萬餘里 八區三百州 犬羊塵潁洞 湖嶺地遐幽 聖主揮戈日 微臣擊楫秋 偏安豈王業 利鈍

爲君籌

十四日 始得順風 發舡泛海 暮泊沃溝縣 群山浦停帆 次陸放翁 書憤詩韻四首 此生零落亂離中 誰識傾陽寸草忠 寶劍躍腰悲憤切 戎衣垂膝壯圖空 鑾輿淸蹕巡關塞 腥羯腥塵暗漢宮 凜凜從西今日事 汾陽千載想英雄 又 一介微臣草野中 勤王徒效獻芹忠 白雲渺渺鄉關遠 滄海溶溶歲月空 二百年來曾世祿 三千里外憶行宮 旅窓五夜聞鷄舞 回首西洋意氣雄 又 夕烽初報自雲中 漢室謀臣計不忠 萬里龍興千古辱 百年人事一朝空 殘秋孤月照行殿 落日妖祲迷故宮 莫道腐儒無用處 壯心猶許萬夫雄 又 漢上金湯王氣殘 微臣忠膽耿如丹 月從萬里行宮照 風撼三秋澤國寒 無路嚴宸陳卞璞 誰知空谷有幽蘭 年來人事多翻覆 勁草須將板蕩看 又次江子我亂離襆詩三首曰 客裡歲云暮 鄉關僻且遐 千岑照海外 孤月掛天涯 聖主勞巡狩 奸臣誤國家 山河依舊在 寥落似三巴 又 兵戈南北絶 消息摠非眞 巡狩傷行殿 幽明吊故人 塞邊凋草木 海內久風塵 回首滄溟外 孤懷誰與親 又 遠客殘秋後 行舟碧海初 國餘三月燼 家斷萬金書 却羨安巢鳥 誰憐涸轍魚 故園何日到 晴圃灌春蔬

十五日 自群山浦 乘晚解纜放舟 入于大洋中 一日暮 留泊于湖西洪州地杭浦 海天寥廓 月色淸明 風濤浩渺 客思淒黯

翌日阻風 仍留不發

十七日 又阻風不得發舡 盡日蓬窓 無以遣懷 又次江子我

亂後襖詩五篇韻 次茅一篇曰 萬里關西路 風濤浩渺時 白雲何處是 滄海杳難期 陷沒聞鄉信 流離念母飢 南民塗炭極 日夜望王師 又 浦口夕潮落 湖山欲暮時 滄波迷去路 白日念歸期 浿北君臣隔 江南弟妹飢 一家天地內 跂望大明師 第二篇曰 戎馬乾坤裡 腥塵暗四遐 風濤分故土 萍水是生涯 早晚殲群醜 華夷合一家 中興光復業 豈數益州巴 又 男子桑弧志 行裝莫憚遐 滄茫過海外 滉漾泊天涯 萍水他鄉客 湖山摠我家 蓬瀛形勝地 却笑洞庭巴 第三篇曰 今日堅氷禍 元非出不虞 宮狐升御榻 漢水赤王都 天警人頗切 人承天却無 傷心前日事 回首一嗚呼 第四篇曰 松栢歲寒後 分明見僞眞 敗軍知閫罪 誤國是何人 向見專和議 今誰靜虜塵 千官烏栖擇 無復念君親 第五篇曰 水落霜寒後 風高雪下初 西天戀魏闕 南國絶家書 學拙安蓬篳 才疎訛魯魚 孤舟明月夜 夢繞故山疎

十八日 連二日阻風 淹留於杭浦 杭浦乃洪州之一大港也 其爲港寬曠 可以藏舟數千艘 潮汐出入處 如人兩袖張拱相向 四山周匝蒼松 交翠勻天 笙鶴況若耳接 不知人間何處 更有此境界也

千里漂泊 家鄉杳杳 亂離心緒 無以自慰 於是乎 蓬窓之下 念鄉邑寇賊之衝突 賞山海形勝之無窮 家君先次林和靖西湖詩韻 各三篇 其一曰 乾坤眞宰職流形 却向仙鄉設彩屛 一海中涵明月影 四山周匝盡松靑 晚霞夕靄濃晴景 浮鷺游鷗振雪翎 落日孤舟千里客 漁歌遠浦不堪聽 其二曰 勝地由來未可形 周遭麗景匝雲屛 盡圖四境寒松翠 湛鏡雙開冷玉靑 星彩月華鰲抃首 風笙天籟鶴翻翎 化工漏洩仙家事 鬼泣神慳故不聽 其

三曰 森羅萬象鏡中形 雲海仙山一盡屏 駕御空明疑羽化 浮游灝氣軼穹靑 中間日月流光影 上下鳶魚任躍翁 潮落松呼風作韻 勻天笙鶴悅相聽 某亦敬次三篇 其一曰 山回海滀自成形 上下琉璃四面屏 萬里平波孤月白 一聲柔櫓數峯靑 雲霞變態渟涵影 鳩鷺迎潮刷蕩翔 剩掠蓬瀛無限興 壯觀他日駭人聽 其二曰 滿目風雲千萬形 琉璃鏡裡一圍屏 五更明月波間白 十里長松雨後靑 兩袖如張雙鶴翼 一區疑戴大鵬翎 人間有累愁難遣 晩角凄凉不忍聽 其三曰 落霞殘照暮山形 歷歷靑巒曲曲屏 雨濕雲陰瘴海黑 風恬浪静縠紋靑 波間月碎黃金屑 湖上鷗浮白雪翎 盡日蓬窓無一事 漁歌隔岸晩來聽

十九日 始遇順風 放舟大洋中 行數百餘里 到湖西唐津縣之小德物島 又值惡風留泊 是島風濤蕩漾 水色接天 默坐蓬窓 無以破寂 家君次宋之問遊禹穴排律六韻曰 浩渺齊天碧 關西萬里通 安危因水客 性命寄篙翁 白日明還暗 玄雲滿復空 三韓指顧裡 兩浙杳茫中 陰浪衝潮白 晴霞帶夕紅 孤舟無定所 向暮又長風 某亦敬次曰 淼淼海門外 滄溟一望通 飄零吟越客 浩渺問津翁 日月東西掛 乾坤上下空 魚龍出沒裡 島嶼有無中 鰲背寒烟翠 鯨波落照紅 平生宗慤志 投筆慕長風

二十日 仍留不發德物之島 西北依山遮風 旭日流暉 溫燠如春 舡中人 爭出蓬上 曝背捫風 平波萬里 水天一色 雲海銀屏 宛轉四圍 魚龍掀舞 變化出沒 千態萬狀 畫圖不如 家君乃次許棠過洞庭湖詩韻一首曰 滄溟晩泊孤舟客 萬里思家鬢欲斑 羅帶離披天上霤 鯤鼇拒逐海中山 靑銅上下乾坤净 白玉東

西日月閑 數日扣舷狂欲倒 勝區無處不仙間 某亦次杜筍鶴旅泊遇亂詩韻一首曰 聞道長安不忍言 繁華文物在誰邊 民吟此日方思漢 人衆當時幸勝天 忠憤有心還趙壁 草萊無路運陶甄 風塵未息貂裘獘 漂泊東西送一年

二十二日 連二日阻風 今朝始發 舡泛洋中而行數百餘里
此下冊子累幅破缺不可攷

謹按自十月二十二日至十一月十有三日 已過數十餘日之多 自唐津海口 歷内浦畿右海西等道 至關西三和縣之界 海路不知幾千百里 而日記冊子破缺 無所攷矣

十一月十三日 泊舟于關西三和縣之海濱 停帆入其縣 訪主倅 問行朝消息 粗得其槪 不勝悽感 其倅頗款遇 又與其外甥孫成秀才仁耈俊耈兄弟 萍水邂逅 一見如舊 連日打話 情義稍親 留歇數日 至十六日將發行 仁耈臨別 先吟一絶 以道亂離之意曰 流離南北有逋臣 行盡三秋白髮新 西望美人千里遠 海天明月獨沾巾 余和之曰 流落風塵一介臣 勤王萬里鬢霜新 傷心說破行朝事 悲憤塡膺淚滿巾 家君亦次曰 風塵萬里一微臣 痛哭相看月色新 其奈朝廷空守約 西京城外忿靑巾 俊耈繼吟一絶曰 行盡江南路八千 家山回首遠茫然 西窓雪月論懷抱 今日相逢是好緣 余又和曰 嶺南回首里三千 萍水相逢豈偶然 今日離亭魂欲斷 好因緣是惡因緣

十七日 昨夕自縣下出海濱舡所 今朝發 舡夕泊于甑山縣

之 紙缺未詳 贈別金君王 口號一絶曰 迢迢客路歲華遒 風雪孤城滿目愁 今日天涯萍水會 一樽離恨更悠悠 此下紙幅亦多缺

二十五日 泊舟于定州海濱 停帆入州內 至新安館 遇成進士丈文濬 家君邂逅握手 相持痛哭 細探行宮安否 先生平信詳聞朝儀之草創 陪從之艱辛 不勝感慨之至 仍相叙亂離間濶移時 成丈以次華使馮仲纓詩韻 出示索和其詩曰 騑騑行色海雲隈 爭看乘槎漢使來 箕壤舊氓眉可察 浿城殘虜色已灰 覃恩始覺無前寵 排難還逢不世才 隨到萊州方振旅 肯教容易旆旋回 某承家君命以卽事敬步曰 落日孤雲山郭隈 故人先我着鞭來 時危世亂連兵火 地拆天崩半劫灰 幸蜀已深臊羯辱 出師誰有臥龍才 楚囚何用新亭泣 佇見鑾輿奏凱回 憑使元韻曰 新安候館倚山隈 行役逶巡踏雪來 客路柳條還拂日 鄉園葭管早飛灰 民知詩禮由先敎 俗尙衣冠見後才 海島游魂猶假息 名王播越幾時回

仍留一日 與成丈 同舍信宿

二十七日 平朝出往海濱 乘舡掛帆而行 夕泊于宣川府界浦村 止宿

二十八日 早發 遇順風 舟行甚疾 泊于義州地界海口 下舡登陸 收拾行裝 入接海濱煙臺村舍 行朝孔邇 雖慰戀闕之懷 鄉關隔遠 曷堪思家之愁 乃留歇 一日整頓行中諸具

十二月 初一日 入往州內龍灣城 赴行宮之下 訪外從祖五峰李承旨好閔旅邸 邂逅於旀丘奔竄之餘 共敍其亂離艱草之狀 仍細聞行幸之顚末 不覺慨然淚下 遂接寓於傍近村舍 曾所相識 朝士若干人 日日來見 以慰遠涉之苦也

翌日 以所持箭竹與長片箭等物 進獻之意 告于廟堂 則廟堂啓達 而令本州輸入于軍門前 仍啓稟頒料 此下紙幅缺不可攷

謹按 大駕 癸巳十月 還京城 而終始扈從歸來 自壬辰歲末 至癸巳冬初 其間十有餘朔矣 日日所記必多 而冊子破缺殆盡 僅餘什百之一二 此下只錄七八條 而字字行行虧滅 尤多 月日字缺 不得書耳

某日 缺無攷 以某日追記下倣此
天朝遣提督李如松 率副摠兵 楊元等三十一人 贊畫劉黃裳等二人 領兵四萬餘名 出來討倭賊 至是日 渡鴨綠江 士民咸聚於龍灣城上 觀天兵之涉水 威武肅肅 軍容整整 東國臣民牛酒以迎 而歡聲動天地矣 諸學士 遂分韻 賦其事 余亦題四韻一首曰 天兵四萬擁貔貅 江上旌旗拂戍樓 李將英雄曾不世 漢皇神武自難儔 威騰箕壤三千里 勢壓扶桑六十州 落日龍灣笳鼓裏 旀丘餘息淚空流 此下缺

除夕 吉持平誨來訪 相與敍思鄉之懷 仍題除夕憶先塋詩二首 以示曰 憶昔我兄弟 名辰登墓山 徘徊松楸下 拜跪草階間 西塞一年盡 南鄉何日還 兵塵猶未息 老淚泫愁顏 又 南鄉

兵火裏 茅宅盡成灰 邊塞愁傷斷 松楸望眼摧 先塋應寂寂 舊
碣但崔崔 未識新元朔 其誰奠一杯 余乃次曰 今夕是除夜 悠
悠憶故山 封塋霜雪裡 佳節亂離間 海內兵常鬪 天涯客未還
新年在明日 更覺老愁顏 又 瑣尾流離日 人間已劫灰 草侵先
隴沒 眼向故山摧 憤切少陵杜 才非學士崔 飄零常佳節 揮淚
且含杯 此下亦缺

癸巳正月初 次贊畫劉黃裳立春詩韻 題五七言 各一首曰
風日屬芳辰 氤氳鴨綠津 捷音今報夜 遊子又逢春 再造乾坤定
中興民物新 皇恩何罔極 感淚洒邊塵 又 東風吹報艷陽辰 瑞
旭祥雲藹曉津 光復麒麟輝白日 太平冠冕耀靑春 一淸西塞皇
威振 再造東藩帝澤新 地轉天旋龍馭返 凱歌應逐馬蹄塵 劉公
元韻曰 燕闕啓三辰 旌旄擁上津 江山雖異國 日月是同春 風
轉鼉簧早 氷開鴨綠新 東皇還有意 滄海靜煙塵 李五峯亦次曰
漂迫向佳辰 靑陽動晚津 偏承天子德 得見癸年春 昨夜妖星沒
今朝淑氣新 東風隨驛馬 報捷午門塵 此下缺

正月初六日 任僉知發英在東朝 作七言律一首 兼簡以寄
吉持平誨 吉公示余求和 余於是遂次三首曰 天地三陽報六賞
亂離心事固難形 祖宗神器何時復 魚肉生靈訖可寧 霜滿鬢毛
垂領白 春歸柳葉弄絲靑 故人消息承珠唾 雙袖那堪老淚零 又
行闕元朝賀瑞蓂 乾坤交泰物流形 膚功佇報皇師捷 光復先要
邦本寧 絕塞星霜愁裡老 故山松檜夢中靑 風塵未定音容隔 望
月相思但涕零 又 客裡光陰換幾蓂 天涯白首寄殘形 酒添愁抱
難成醉 春撼歸心轉不寧 鶴野寒雲看慘慘 漢宮疎柳想靑靑 皇

師奏凱言旋日 應勞東山濛雨零 任公元韻曰 半歲同裯閱幾蓂 孤舟敍別遽分形 掌中餘毒猶難殄 膝上遺痕尙未寧 手乏韓星誰鑷白 眼稀盧酒尠回靑 成都往事俱塵跡 追想如今涕自零 吉公次韻曰 別來多少換階蓂 各保天涯半死形 曾與團欒輸悃愊 更憑書札致丁寧 唐家詩律全推白 漢世將軍獨數靑 將此二人須勉勵 莫敎衰暮歎飄零 此下缺八十餘幅

某月日 大駕發龍灣城 還向京都 淸蹕啓途 羽衛飭行 君臣景從 萬民 紙缺 余侍家君扈從而歸 亦缺○此下缺數幅

某日 扈駕至定州 余適與漢人 姓劉名惟亮 仲安其字者 同寓幾十餘日 以筆代舌 相書示問答 劉自言以漢高祖三十一代孫 今者爲吳游擊麾下 習放雷炮 屢禦倭於浙江 而曩日平壤之戰 我輩之功居多 惟你國人知之 李提督 以南北軍 爭功之嫌 分功不均 北軍率居一等 南軍反居三四等 我輩今日之缺望 何可勝言 又曰 我爲賊丸中左脚 未得運步 故還來耳

累日打討 情甚款厚 大抵劉之爲人 淳質淸愼 且善用劒 粗解文字 頗有可取者 臨別不覺黯然 以古風一篇爲贈別曰 吾聞君是漢家裔 馬上餘風垂後昆 英雄興廢如過鳥 豁達儀表今尙存 欽承皇命越萬里 鷹揚箕野安東藩 元功未就扶瘡還 撫劒白日飛壯魂 淸光何日獲再接 年年春草思王孫 此下缺二三幅

某日 扈駕至肅川府 府有敬簡堂 李五峯次其壁板韻曰 回頭三十二年忙 亂後那堪上此堂 夜雨匡床愁獨倚 春塘芳草夢全涼 人間逝水元無信 客路戎衣尙有光 惆悵吾親經歲別 黃香

扇枕憶平常 余亦次二首曰 星霜荏苒鬢邊忙 遠客扶筇倚晚堂 撫劍乾坤歌感慨 滿庭風雨氣凄涼 漢宮花柳應無賴 嶺外桑楡尙有光 何日金甌收復後 奠安民物更如常 又 春撼歸心日夜忙 嶺南千里憶萱堂 兵戈阻絶愁增老 風露霏微客抱凉 孰謂書生無膽氣 時看腰劍射龍光 十年題柱知如許 圖畫麒麟載太常 此下缺

某日 扈駕至永柔縣 客裏輾轉漂迫 春愁溶溶 難以自裁 於是次瀛奎律髓 李昌符旅遊傷春詩韻 以示志曰 客久罹寒暑 兵戈尙未終 乾坤寃血裡 家國却灰中 寒夜樓臺月 邊春草木風 萍蓬無定跡

南北又西東 此下缺數十餘幅

謹按龍灣奔問錄者 壬辰倭寇時 先王考眞愚齋府君 陪曾王考西溪府君 奔問義州 行朝之日記也 此錄冊子百有餘幅 而丙子之亂 埋藏于土 避兵湖西 遂爲賊所掘出 抛踏而棄之 又爲迷氓之所毁裂 雨雪之所磨洗 泥土之所腐爛 破缺殆盡 董存一二 而抑又缺字虧行 隨處尤多 不可得以攷焉 至於自癸巳春以後 則全然朽破 一幅一行之無餘 故扈駕還都之際 所錄止於永柔縣而已
嗚呼 府君時年十八 以忠孝之資 義烈之操 贊揚庭闈之大節 陪行數千里風濤 勤王於灣塞之上 周旋於扈駕之列 殆過周年之久 則其忠勤赴難之勞 庶幾因此所錄 知其實跡 而兵燹之餘 蕩盡至此 今雖參校遺稿補錄如右 安能得其萬一乎 可勝歎哉

崇禎紀元戊辰後三十六年　癸卯五月上浣日　不肖孫錫九謹書

灣塾之上周旋扵麾 篤之列過周年之久則其忠勤苦難之
勞庶幾曰此所錄知其宗跡而兵燹之餘蕩盡至此今難參校
遺搞補錄如右安能得其萬一于可勝歎我宗禎紀元戊辰後
三十六年癸卯五月上浣日不肖孫錫九謹書

謹按龍灣奔問錄者壬辰倭寇時
先王考真愚齋府君陪
曾王考西溪府君奔問義州
行朝之日記也此錄卅子百有
餘幅而丙子之亂埋藏于土避兵湖西逐爲賊所挺出抛踏而
棄之又爲迷氓之所毀裂雨霑之所磨洗泥土之所窩爛破缺
殆盡堇存一二而抑又缺字斷行隨處无多不可得以攷至
扵自癸巳春以後則全然抁极一幅一行之無餘故邑/駕還
都之際兩錄止扵永柔縣而已嗚呼府君時年十八以忠孝
之資義烈之操賛揚庭闈之大郞陪行數千里風濤勤
王扵

其日匙駕至永柔縣客裡輾轉漂泊春愁溶溶難以自裁於
是次濂奎律髓李昌府旅遊傷春詩韻以示志曰客久羆寒
暑兵戈尚未終乾坤寃血裡家國刼灰中塞夜樓䑓月遊春
草木風萍蓬無定跡南北又西東此下缺數十餘帖

革今日之狀望何可勝言又曰我為賊九中左脚未得運步故遲來耳累日打討情甚覬覦之為人淳篤清慎且善用劍粗鮮文字頗有可取者臨別不覺黯然以古風一篇為贈別曰吾聞君是漢家裔馬上餘風垂英雄興廢如過烏豁達儀表存欽承皇命越萬里鷹揚箕野束藩元勳未就扶瘡還撫劍白日眦壯覩清光何日獲再接年年春草思王孫此下缺二三幅

某日駕至甫川府己有敬簡堂李五峰次其壁板韻曰囬頭三十二年怔亂後邪堪上此堂夜雨連床愁獨倚春塘芳草夢全涼人間逝水元無信客路征衣尙有光惆悵吾親經歲別黃香扇枕憶平常余亦次二首曰星霜荏苒鬢邊忙速客扶笻倚晚堂撫劍乾坤歌感慨蒲庭風雨氣悽涼漢宮花柳應無賴嶺外桑榆尙有光何日金甌收後虔奠安民物更如常又春撼敝心日夜怔嶺南千里憶萱堂兵戈俱絕愁增老風露霏微客抱涼氣時省腰劍射龍光十年題柱知如許圖畫麒麟戴太常此下缺

檜愛中青風塵未定音容儘望月相思促漾雾又容裡光陰挨幾篝天涯白首寄殘形酒添愁把醆成醉撼敁心封不寧鶴野寒雲杳悴二漢宮趹柳想青二皇師蓁凱言旋日應勞東山濛雨零往公元頑曰丰歲司禰閣幾篝孫舟叔別遶分形掌中餘毒猶餘毒給膝上遺痕尚未寧手呂韓星誰鎷白眼稀盧酒歇囬青成都住事俱塵跡追想如今漾自零吉公次頷曰別來多少挨階篝各保天涯丰死形曾興團藥翰惆幅更悤書扎致丁寧唐家詩律全推白漢世將軍獨數青

將此二人須勉勵莫教襄著欷飄零此下缺八十餘幅

某月日大駕鼓龍灣城邎向京都　淸蹕啟途羽衛飭行群臣景從萬民紙缺余侍家君麃徔而皷赤缺。此下映數幅

某日皃駕至定州余適興漢人姓劉名惟亮仲安其字者同寓幾十餘日以筆代古拍書示問答劉自言以漢高祖三十一代孫今為吳將擎麾下習故雷炮豪傑攽浙江西襄日平壤之戰我革之功居多惟你國人知之李提督以南址軍爭功之嫌分功不均壯軍莘居一等南軍反居三四等我

癸巳立春日次賀畫黃裳立春詩韻題五七言各一首曰風
日屬芳辰氤氳鴨綠津捷音今報夜遊子又逢春再造乾坤
定中興民物新皇思何悶摠感淚洒邊塵又東風吹報艷
陽辰瑞旭祥雲薆曉津光復麒麟輝白日太平冠雄青春
一清西塞皇威振再造東藩帝澤新地轉天旋龍馭
迄凱歌應逐馬蹄塵劉公元韻曰燕闕啓三辰旌旆擁上津
江山雖異國日月是同春風轉鷺簧早水鬧鴨綠新東皇還
有意滄海靜烟塵李五峯亦次曰漂泊尚佳辰青陽勳曉津
偏承天子得德見癸年春昨夜妖星沒今朝淑氣新東風
隨驛馬報捷午門塵※下缺

正月初六日仕侴知箴英在東朝作七言律一首蕪簡以寄吉
持平誨吉公示余求和余扵是逐次三首曰天地三陽報六
藁亂雖心事圖難形祖宗神呪何時後魚肉生靈託可寧
郉堪老淚零又行闕元朝賀瑞藁乾坤交泰物流形膚功
霜藩鬢毛垂領白春故人消息承珠唾雙袖
仔報 皇師捷光復先要郉本寧絕塞星霜愁裡老故山松

兵楊元等三十一人資畫劉黃裳等二人領兵四萬餘名出來討倭賊至是日渡鴨綠江士民咸聚于龍灣城上觀天兵之涉水威武甫□軍容整□東國臣民牛酒以迓歡聲動天地矣諸學士遂分韻賊其事余亦題四韻律一首曰天兵四萬擁貔貅江上旌旗拂戍樓李將英雄曾不世漢皇神武自難儔威騰箕壤三千里勢壓扶桑六十州落日龍灣笳鼓裡詭立餘恩浹空流此下缺

除夕吉持平誨來訪相興敘思鄉之懷仍題除夕憶先塋詩二首以示曰憶昔我兄弟名辰登蓊山徊徘松揪下拜跪草間西塞一年盡南鄉何日還兵塵猶未息老淚法愁顏又南鄉兵火梨禾宅盡灰邊塞愁騰斷松揪望眼撐先塋應寂□舊碼佃雀□未識新元朔其詼冥一杯乃次曰今夕是除夜悠□憶故山封塋霜靈裡佳節亂雄間海內兵常闘天涯客未還新年在明日更覺老愁顏又瓊尾流離日人間已却灰草侵先隴淡眼向故山撑憤切少陵杜才非學士崔飄零尚佳節揮淚旦含杯此下缺

村止宿

二十八日早發遇順風舟行甚疾泊于義州地界海口下虹登
陸收拾行裝入接海濱烟臺村舍
之懷卿問馹遠否堪思家之慈乃留歇一日整頓行中諸具
十二月初一日入住州內龍灣城赴行宮之下訪外從祖五
峯李承占好問旅邱邂逅於危丘奔竄之餘共敍其亂離艱
草之狀仍細聞行幸之顛末不覺慨然淚下遂接需於傍
近村舍曾有相識朝士若干人日已來見以慰遠涉之苦也

望日以兩持篲竹與長氏箭等物進獻之意告于 廟堂則
廟堂啓達而令本州輸入于軍門前仍 啓禀須料此帖下
缺不可攷

謹按
大駕癸巳十月還京城而終始扈從故來自壬辰
歲末至癸巳冬初其間十有餘朔矢日已所記必多而冊
子破缺殆盡堇餘什百之一二此下只錄七八條而字已
行之刓滅九冬月日字缺不待書耳
某日缺無攷以某日追記下做此 天朝遣 提督李如松寧副揔

繼缺未詳贈別金君玉口號一絕曰道乙容路歲華道風壺
二十五日泊舟于定州海濱停帆入州內至新安館遇成進士
　丈文濬家君邀迨握手相持痛哭細探行宮安否先生平
　信詳聞　朝議之草創陪從艱辛不勝感慨之至仍相敘亂
　離間潤核時成丈以次華使馮仲纓詩謹出云索和其詩曰
　　㷋䖏色巳灰畢竟始覺無前寵排難逢不世才健到萊州
　騑乙行色海雲隈爭看乘槎漢使來篁壞舊眠眉可察溟城
孤城蒲目愁今日天涯洋水會一樽離恨更悠此本多缺幅
方振旅冒教容易筛征回某承家君命以卹事敬步曰落日
孤雲山郭隈故人先我著鞭來時危世亂連兵大地坼天崩
半劫灰幸蜀已深縢殘庤小師誰有卧龍才楚因何用新
尋泣仔見　鑾興奏凱田馮使元飭曰新安俠館侍山偎行
後逸䢓踏雲來客路柳條還拂日鄉園陵管早䳁灰民知詩
禮由先教俗尚承冠見後寸海鶯游魂猶假息名王播越幾
時回仍留一日與成丈同舍信宿
二十七日平朝出往海濱乘舡掛帆而行夕泊于宣川府界浦

謹按自十月二十二日至十一月十有三日已過數十餘日之久自唐津海口歷內浦幾右海西等道至閩西三和縣之界海路不知幾千百里而日記冊子破缺無兩攷矣

十一月十三日泊舟于閩西三和縣之海濱傳帆入其縣訪主縣義捎親留歡敘日至十六日將簽行仁耆臨別先吟一絕以道亂離之意曰流離南北有逋臣行盡三秋白髮新西外甥孫成秀才仁耆俊耆兄第萍水邂逅一見如舊連日打話情義捎親留歡敘日至十六日將簽行仁耆臨別先吟一絕以道亂離之意曰流離南北有逋臣行盡三秋白髮新西

俥問行朝消息粗得其槩不勝懷歲其俥頗歎過又興其望義人千里遠海天明月獨沾巾余和之曰流落風塵一介臣勤王萬里鬢霜新傷心說破行朝事悲憤填膺淚滿中家君亦次曰風塵萬里一微臣痛哭相看月色新其奈朝廷空守約西京城外恣青巾俊耆繩吟一絕曰行盡江南路八千家山囬首遙范然西窓霽月論懷抱今日相逢是好緣又和曰嶺南囬首里三千萍水相逢宣偶然今日難亭覘欲斷好因緣是惡因緣

十七日昨夕自縣下出海濱虹蚏今朝叒虹夕泊于甑山縣之

孤舟無定所向暮又長風某亦欲次曰森二海門外滄溟一
望逋飄零吟越客浩渺問津翁日月東西掛乾坤上下空魚
龍出沒裡島嶼有無中鼇背寒烟翠鯨波落照紅平生宗慤
志援筆慕長風

二十日仍留不復德物之島西壯依山遮風旭日流暉溫煥如
春虹中人爭出邀上曝背捫虱平波萬里水天一色雲海銀
屏宛轉四圍魚龍撕舞變化出沒千態萬狀畫圖不如家君
乃次許宗過洞庭湖詩韻一首曰滄溟晚泊孤舟客萬里忠
家鬢欲班羅帶披天上鼉鼍相逐海中山青銅上下乾
坤淨白玉東西日月閑數日扣舷狂欲倒勝區無處不仙間
某亦次杜筍鶴旅泊遇亂詩韻一首曰閏道長安不忍言繁
華文物在誰邊民吟此日方思漢人衆當時幸勝天忠憤有
心選趙壁草萊無路運陶甄風塵未息飴橐槳漂泊東西一
送年

二十二日連二日阻風今朝始發虹泛洋中而行數百餘里下

舟子果帆破卸不可改

中形雲海仙山一畫屏駕御空明歎羽化浮游瀨氣軼青
中間日月流光影上下鳶魚任躍翛呼風作韻句天
笙鶴悅相聽某亦敬次三篇其一日山囲海濱自成形上下
琉璃四面屏萬里平波孤月一拜柔擒數峯青雲霞憂態
淨漚影鷗鷺近潮蕩翎剌掠蓬瀛無限興他日駭人
聽其二日滿目風雲千萬形琉璃鏡裡一團屏五更明月波
間白十里長松雨後青兩袖如張雙鶴翼一區歎載大鵬翎
人間有累愁難遣晚角凄涼不忍聽其三日落霞殘照幕山
形歷〻青螺曲〻屏雨湛雲陰瘴海黑風恬浪靜轂紋青波
間月碑黃金屑湖上鷗浄白雪翎盡日蓬窓無一事漁歌隅
岸晚來聽
十九日始過順風放舟大洋中行數百餘里到湖西唐津縣之
小德物島又值惡風留泊是萬風濤蕩漾水色接天默坐達
窓無以破寂家君次宋之問遊禹排律六韻日浩淼齊天
碧関西萬里通安危因水客性命寄篙翁白日明遷暗玄雲
滿後空三韓指顧裡兩浙杳茫中陰浪衝潮白晴霞帶夕紅

人頗功人承天却無傷心前日事冊首一鳴呼第四篇曰栢
栢歲寒後分明見偽真敗軍知間罪誤國是何人向見專和
議今誰靜靂塵千官鳥栖撑無後念 君親第五篇曰水落
霜寒後風高霊下初西天應 魏闕南國絶家書學栽安逢
蕚才踈訛魯魚孤舟明月夜夢繞故山蔬
十八日連三日阻風淹留於杭浦二乃洪州之一大港也其為
港寛曠可以藏舟數十艘潮汐出入處如人兩袖拱相向
四山周匝蒼於交蕚旬天筐鶴呪若耳接不知人間何處更
有此境界也千里漂泊家鄉杳二亂難心緒無以自慰於是
乎逢窻之下念鄉邑冠賊之衝突賞山海形勝之無窮家君
先次林和靖西湖詩韻各三篇其一曰乾坤真宰職流形却
向仙鄉設彩屏一海中溪明月影四山周匝畫松青晚霞夕
霧濃晴景浄鷺游鳴振壑翎落日孤舟千里客漁歌遠浦不
堪聽其二曰勝地由來未可形周遭麗景面雲屏畫圖四境
寒松翠湛鏡酸開冷玉青星彩月華驚抃首風笙天籟鶴翎
翻化工涌淺仙家事鬼注神慳故不聽其三曰森羅萬象鏡

海內久風塵回首滄溟外孤懷誰與親又遠客殘狀後行舟
碧海初圍餘三月爐家斷萬金書卻羨安巢爲誰懶洄轍魚
故園何日到晴圍灌春蔬
十五日自郡山浦柰晚解纜放舟入于大洋中日暮留泊于湖
西洪州地抗浦海天寥廓月色清明風濤浩渺客思凄黯望
日阻風仍留不發
十七日又阻風不得發姑盡日逢窓無以遣懷又次子我亂後
樓詩五篇韻次第一篇曰萬里閱西路風濤浩渺時白雲何
處是滄海查難期尚浚聞鄉信流維念母飢南民塗炭極日
夜望　王師又浦口夕潮落湖山欲暮時滄波迷去路白日
念故期淇壯　君臣隔江南第妹飢一家天地內政望大
明師第二篇曰戎馬乾坤裡腥塵暗四陲風濤分故土萍水
是生涯早晚纖群醜華夷合一家中興光復業宣數益州巳
又男子桑孤志行裝莫憚遊滄茫過海外混漾泊天涯萍水
他鄉客湖山擬我家逢瀛形勝地卻笑洞庭巳第三篇曰今
日堅氷禍元非出不虞宮孤井　御榻漢水赤　王都天警

戈日微臣擊楫狄偏安矣 王業判鈇為君籌
十四日始得順風裊舡泛海蓍泊汶溝縣群山浦傳帆次佳放
翁書憤詩韻四首此生零落亂離中識誰傾陽寸草忠貫釗
躍腰悲憤切戎衣喪膽壯圖空鑾輿清蹕閩塞膝朝瞪
塵晴漢宮凜後西今日汾事陽千載想英雄又一个微臣
草野中勤王徒效獻芹忠白雲湫二
月空二百年來曾世祿三千里外憶 行宮旅窓五夜聞鶴二歲
舞曲首西洋意氣雄又夕烽初報自雲中漢室謀臣計不忠
萬里 龍興千古厚百年人事一朝空殘秋孤月照行殿
落日妖祲述故宮莫道腐儒無用處壯心猶許萬夫雄又漢
上金湯王氣殘微臣忠膽耿如丹月後萬里 行宮照風撼
三秋澤國寒無路蔽寢陳卞璞誰知空谷有幽蘭年來人
事多翻覆勁草須扶蕩者又次江子我亂離棲詩三首曰
客裡歲云暮鄢閩僻且遐个岺照海外孤月掛天涯聖主
勞延狩奸臣誤國家山河依舊在寒落似三巴又兵戈南壯
絕消息撚非真 巡狩傷 行殿幽明吊故人塞邊湘草木

初五日晚茇行到臨陂縣乃湖南海隅也將覓舟浮海而陰
風吹不順茲未能茇紅仍留駐村舍
初七日當此地已三日而風勢益惡不得茇舡只留三奴以供
行役中使唤其餘奴馬盡還鄉家其送歸之懷辭去之色亦
不堪其黯然者矣
十三日送風連日不止濡滯幾浹旬西行若無期旅情益苦愁
思悄然惟吟杜工部揮涕戀行在之句而已適湖南都事崔
公鐵堅入縣與二三豪士作新亭之會余侍家君亦與其會
酒半崔公先吟一律曰渡水臨陂縣後事自青州末世真如
夢親明半作幽朝坤零落日湖海叙寒秋奇策今休道朝
廷已運籌余敬步以呈日闖西一萬里茇輶自南州今夕榾
前恨他卿客思幽陰風連十日旅館若三秋戎馬何定盤中
請借他籌越上舍德弘見而次其韻蕪簡以贈家君曰羡人今
何在消息隅西州敢懷山河師聞鶴愛蒹幽氏心思漢日父
老望旗秋持臂雖無策止戎請借籌家君使某還次以答束
夏萬餘里八區三百州犬羊塵湏洞湖嶺地避幽聖主揮

行朝則為臣盡節之義於是予得而臨亂效命之志廢可以
伸矣家君悅曰汝言甚善正合吾意遂決計勤王乃傾時破
產備得未造箭竹四萬枝已造長片箭三百部余侍奉西征
家有慈親只率二妹一第幼稚而絕三歲矣家君乃
托之於兩叔父是歲孟冬之初吉雜家向湖南而行此間相
離之情雖以大義制之去留戀戀之懷焉得以自抑乎
壬辰十月初一日朝發成陽卿家午踰八良嶺回顧家山渺闊
漸遠鵾望西天 行宮杳然耿耿此懷哺結于中無以自遣
久宿于雲峯縣村舍
初二日早朝發行夕宿于南原北德里奴大好之家其村舊識
諸人皆聞來訪相叙阻闊之情仍說此行之由或有慨然勤
勉者矣
初三日朝後乃發夕宿于任實縣地全州之界村舍
初四日早朝發行午到萬馬洞秣馬久抵全州府下州是雄府
巨鎮而為一道之都會盧也軍伍征後有倍他邑警報頻傳
閭井騷然止宿府底村舍

龍灣奔問錄

萬曆二十年壬辰夏四月倭奴大舉入冦湖嶺列郡望風瓦鮮
虜兵長驅渡江京城不能守大駕西幸家君以為受國享恩安可以布衣微賤而竄身逃生不赴國難乎遂與同志之士謀興義師以效萬一而是時鄭仁弘先為義兵大將嶺右諸義兵咸統之余乃白于家君曰彼既為大將而諸兵咸推為盟主吾不當苟處於其間而受其節度若及斯時奔問

龍湾莘門鄭

해 설

임진왜란과 진우재(眞愚齋) 양황(梁榥)의 《용만분문록(龍灣奔問錄)》

들어가는 말

1592년 4월 14일 일본군이 대포항(大浦項)을 떠나 부산 앞바다에 도착해 부산포를 침입함으로써 임진왜란이 발발했다. 200년 동안 평화를 유지했던 탓에 조선의 관군은 싸워보지도 않고 도망한 경우가 많았으며, 병술(兵術)도 습득하지 못한 양민을 중심으로 급조된 병력은 파죽지세로 치닫는 일본군 앞에서는 오합지졸이었다. 이런 상황에 곳곳에서 의병이 봉기했고, 전세(戰勢)를 역전시킬 수 있는 전기(轉機)를 얻었다.

정유재란과 함께 7년 전쟁에 대한 기록은 《용사일기(龍蛇日記)》, 《고대일록(孤臺日錄)》, 《정만록(征蠻錄)》 등 여러 문헌에 남아 있으며 이들 문헌에 관한 연구는 이미 상당한 수준으로 진행되었다. 본 해설에서는 기존에 전하는 자료도 중요하지만, 새로운 자료의 발굴에 중요한 의미를 두며 함양의 18세 선비 진우재(眞愚齋) 양황(梁榥, 1575~1597)이 기록한 《용만분문록(龍灣奔問錄)》에 주목했다.

양황은 함양에서 대대로 세거하던 남원 양씨(南原梁氏) 집안의 일로당(逸老堂) 양관(梁灌, 1437~1507), 구졸암(九拙庵) 양희(梁喜, 1515~1580), 서계(西溪) 양홍주(梁弘澍, 1550~1610)의 세계를 계승한 인물이다. 안타깝게 요절해 세상에 알려지지 못했지만 짧은 생애에 그가 남긴 족적은 가볍지 않다. 그러나 그의 부친 서계 양홍주와 함께 전혀 연구되지 않았으며 세거지를 떠나서는 아는 인물조차도 거의 없다. 양홍주와 양황 두 사람이 임진왜란을 겪으며 기록으로 남긴 자료는 양황이 지은 《용만분문록》과 서계가 지은 13수의 연작시 〈난후영회(亂後詠懷)〉가 있다. 〈난후영회〉는 양홍주가 아들 양황을 잃고, 정유재란을 겪으며 함양의 황석산성 전투에 참여했다가 가족을 데리고 탈출하는 과정을 시로 남긴 생환의 기록이다.

이 해설에서는 진우재 양황과 서계 양홍주 부자가 임진왜란 때 의주로 몽진한 선조를 찾아가면서 기록으로 남긴 《용만분문록》을 중심으로 양황의 삶과 행적, 《용만분문록》의 기록 양상, 《용만분문록》에 수록된 한시의 서정에 관해 고찰했다.

진우재 양황의 삶과 행적

진우재 양황의 자는 학기(學器)다. 그는 스물두 살의 젊은 나이에 요절해 어떤 인물인지에 대한 기록은 그다지 전하지 않는다. 다만 여러 곳에 산재한 그의 행적을 찾아 유추해 보면 그는 상당한 문재(文才)를 지닌 비범한 인물이었음을 알 수 있다. 먼저 우암(尤庵) 송시열(宋時烈, 1607~1689)이 쓴 그의 묘갈(墓碣)을 살펴보도록 하자.

> 파산의 문하에 현사라 불리는 이들이 많은데 가장 어질면서 가장 불행했던 사람은 진우재 양 공(梁公), 휘는 황(榥), 자는 학기(學器)일 것이다. … 선생이 허여하며 매우 높여서 항상 사람들에게 말하기를 "양 모(梁某)의 재기는 평범하지 않으며, 학문과 문장으로 힘써서 그의 문장은 참으로 대문장가의 솜씨다"라고 했다. 그가 지은 글을 월정(月汀) 윤근수(尹根壽)에게 보이자 월정이 칭찬해 말하기를 "크고 넓구나. 만약 성취한다면 세상에서 드문 사람이 될 것이다"라고 했다.[89]

여기에서 성혼이 양황을 "양 모(梁某)의 재기는 평범하지 않으며, 학문과 문장으로 힘써서 그의 문장은 참으로 대문장가의 솜씨다"라고 평했다. 이 짧은 단문에 묘사된 양황은 '대문장가로 성장할 수 있는 비범함을 지닌 인물'로 요약할 수 있다. 한 사람의 평만 그러한 것이 아니라 윤근수(尹根壽, 1537~1616)도 '세상에 드문 인물'이 될 것이라며 그의 장래를 기대했고, 성혼은 양황에 대해 더욱 큰 기대를 가지고 있었다. 성혼을 찾아온 양황을 보고 기록한 다음 글만 보더라도 양황에 대한 그의 기대를 십분 이해할 수 있다.

　9월에 양대림(梁大霖)의 아들 양황(梁榥)이 찾아왔다. 그의 시문(詩文)과 부(賦)·표(表)를 보니, 참으로 큰 솜씨였다. 기국(氣局)이 범상치 않고 문장과 학술로 스스

---

89) 송시열(宋時烈), 《송자대전(宋子大全)》 권175, 〈학생 양 군 묘갈명(學生梁君墓碣銘)〉. "坡山之門 世稱多賢士 其最賢而最不幸者曰 故眞愚齋梁公 諱榥 字學器 坡山先生 講學林泉道尊德崇 自公先考西溪公 諱弘澍 能自得師 遊其門 先生甚知之 公甫成童 以文爲質 往謁先生 先生期許甚隆 嘗語人曰 梁某才器不凡 以學問文章 自力而其文眞大手也 以其所作 示月汀尹相公根壽 月汀甚稱賞曰 汪洋宏演 若得成就 將鮮其倫也".

로 힘쓰니, 보통 사람이 아니었는바, 기뻐할 만했다.90)

한 사람에 대해 성혼과 윤근수의 평가가 모두 '문장에 뛰어나 장래가 기대되는 인물'이라 했으니 양황이 지닌 비범함이 어떠했는지 유추할 수 있다. 이런 비범성을 지닌 인물이었으므로 열여덟 살의 나이에 임진왜란이 발발하자 부친에게 어가를 호종할 뜻을 건의했다. 여기에 대한 기록을 송시열은 묘갈에서 다음과 같이 기록하고 있다.

> 임진왜란이 일어나자 서계 공은 장차 의병을 일으켜 적을 토벌하고자 했다. 공은 이때 열여덟 살이었는데 말하기를 "영남의 우도에 있는 모든 의병은 모두 정인홍의 휘하에 있으니 그의 절제(節制)를 받는 것이 가능하지 않다면 몽진하는 어가를 따라서 신하로서의 절개를 바치는 것만 같지 못합니다"라고 했다. … 이때 명나라군의 이여송(李如松)이 황제의 명으로 대군을 이끌고 압록강을 건너왔는데 군민과 사대부들이 뛰고 기뻐했다. 성상(城上)에서부터 모여서 바라보던 여러 학사(學士)들이

---

90) 성혼(成渾), 《우계집(牛溪集)》, 〈우계 연보 보유(牛溪年譜補遺)〉 권1.

운(韻)을 나누어 시를 짓는데 공이 제공들보다 먼저 나서서 지으니 제공들이 전해 읊으면서 감탄했다. 이때부터 일시(一時)의 뛰어난 선비들이 문채(文彩)로 복종하며 비록 이름이 알려진 자라 할지라도 사귀기를 원하지 않는 자가 없었다.[91]

열여덟 살의 어린 나이에도 불구하고 사재를 털어 전죽(箭竹)과 장편전(長片箭)을 제작해 어가를 호종하자고 한 언행만 보아도 그의 비범함을 짐작할 수 있다. 그리고 전장에서 지은 시가 무리에서 발군(拔群)이었음을 '일시의 뛰어난 선비들이 문채로 복종하며 비록 이름이 알려진 자라 할지라도 사귀기를 원하지 않는 자가 없었다'라고 한 데서 유추할 수 있다. 스물두 살의 나이에 요절하지 않았다면 그가 이루어 냈을 성취가 얼마나 대단했을지 짐작이 된다. 그러

---

91) 송시열,《송자대전》권175,〈학생 양 군 묘갈명〉, "壬辰倭變西溪公將倡率同志以遏賊奴 公時年十八進曰 嶺右諸義兵 咸統於鄭仁弘 不可受其節制 不若奔問行朝 以伸臣節 西溪公喜而從之 公陪侍左右 跋涉數千里 得抵龍灣 時天將李提督如松 以皇帝命率大軍渡鴨綠江 軍民士大夫踊躍歡欣 從城上聚觀諸學士分韻賦詩 公先諸公立就 諸公傳玩詠歎之 自是一時先進折行輩儕 流伏文彩 雖以聲名自多者 無不願交焉".

므로 송시열은 그 안타까움을 마지막 명(銘)에 다음과 같이 적었다.

> 《논어》〈자한(子罕)〉에 "싹을 틔우고는 꽃을 피우지 못하는 경우도 있고, 꽃은 피었건만 열매를 맺지 못하는 경우도 있다(苗而不秀者 有矣夫 秀而不實者 有矣夫)"라는 공자의 말이 나온다. 나는 양 공이 이 싹이 튼 자인지, 꽃이 핀 자인지 알 수 없다. 아! 후세 종성(宗成)의 도에 누가 크게 탄식하지 않겠는가?[92]

《논어》〈자한〉편의 이 구절에 대해서 황간(皇侃)은 공자의 제자 안회(顔回)가 대성(大成)하지 못하고 일찍 죽은 것을 비유한 것이라고 했다. 그러나 안회보다 더 젊은 나이에 세상을 떠난 양황의 경우는 그 안타까움이 더할 것이었으므로 송시열은 이 구절로 양황을 표상했다. 양황이 지녔던 인재로서의 비범함과 문장에 대한 발군의 자질은 그를 경험했던 인물들의 공통된 표현이므로 미루어 짐작할 수 있을 뿐

---

92) 송시열, 《송자대전》 권175, 〈학생 양 군 묘갈명〉, "魯論云 苗而不秀者有矣 秀而不實者有矣 夫吾未知 梁公是苗乎秀乎 嗚呼 後之宗成氏之道者 孰不太息而長吁".

만 아니라, 양황 또한 자신의 자질을 절차탁마(切磋琢磨)하는 노력을 아끼지 않았다.

> 양황에게 보낸 편지에 이르기를, "선비가 이 세상에 태어나 문장을 짓는 것은 진실로 작은 일이 아니나 지엽적인 문자에만 흐르고 올바른 의리로써 요약하지 않는다면 그 문장은 부황(浮荒)한 것이 되고 말 것이오" 하니, 양황의 답서에 이르기를, "선생께서 간곡히 문제를 제기하기만 하고 완전히 말씀해 주지 아니하여, 오랫동안 읊고 생각해 스스로 터득하게 하려고 하시니, 선생이 인재를 기르기를 좋아하시는 뜻이 이러한 경지에까지 이르렀단 말입니까" 했다.[93]

위의 글은 성혼이 양황과 주고받은 편지글에 나오는 내용이다. 좋은 문장을 짓기 위한 노력이 어떠해야 하는지 성혼이 '올바른 의리로 요약할 것'을 전하자 양황은 스승의 뜻을 간파하고 깊은 훈도에 마음으로 감복하고 있음을 전하고 있다. 양황의 뛰어난 자질이 자칫 부화함으로 변질될까 우려하는 성혼의 제자를 걱정하는 마음과 그런 스승의 마음을

---

[93] 성혼, 《우계집》, 권1, 〈우계 연보 보유〉.

읽고 감사하는 제자 양황의 마음을 모두 읽을 수 있는 글이다. 이렇게 전하는 기록만으로도 양황의 도량을 충분히 짐작하고 유추할 수 있다.

《오세유고》에 전하는 〈진우재유고(眞愚齋遺稿)〉에는 16세에 성혼을 찾아가 지은 시 〈상우계선생이십운율(上牛溪先生二十韻律)〉이 있는데 이는 그가 함양에서 파주로 찾아가 성혼의 문하생이 되어 드린 시다. 이 밖에도 13세에 지은 〈애산회고(崖山懷古)〉, 16세에 지은 〈채지가(採芝歌)〉 등 어린 나이에 지은 장편 시들이 수록되어 그의 뛰어난 자질을 가늠할 수 있다. 그의 벗인 농포(農圃) 정문부(鄭文孚, 1565~1624)가 지은 다음 시를 보면 그의 비범함은 동학들도 인정하는 자질이었다.

> 양 군의 안력은 하늘이 감춘 것을 꿰뚫어
> 그윽한 숲속에 초당 지어서 자리 잡았네
> 천 년의 구름은 학지(鶴地)로 올라가고
> 한 지역 산수는 용장(龍莊)에 누웠네
> 몇 겹 모옥은 세찬 가을바람도 두렵지 않고
> 푸른 나무는 긴 여름 해도 좋기만 하다네
> 독서를 제외하면 아무 일도 없으니
> 이따금 제비가 물어 온 진흙 빈 들보에 떨어지는 것만

보네

> 梁君眼力破天藏　爲卜林幽作草堂
> 千載雲煙乘鶴地　一區山水臥龍莊
> 重茅不怕秋風怒　綠樹偏宜夏日長
> 除却讀書無一事　燕泥時見落空樑[94]

 이 시의 제1구에서 정문부는 양황의 감식안(鑑識眼)은 '하늘이 감춘 것도 간파할 만큼 뛰어나다(破天藏)'고 말한다. 모든 사람이 이구동성으로 칭송하는 그의 비범함은 10대에 지은 그의 시와 언행을 통해 전할 뿐이다. 그가 임진왜란에 화를 당하지 않았다면 얼마나 큰 성취를 이루었을지 상상해 보면 안타까움은 더욱 배가된다.

 1702년 당시 우의정이었던 신완(申琓, 1646~1707)은 임진왜란 때 양황의 부친 양홍주와 양황 두 인물의 공에 대해 다음과 같이 평가했다.

"고(故) 도사(都事) 양홍주(梁弘澍)는 임진년에 거빈(去邠)했을 때를 당해 그 장자(長子) 양황(梁榥)과 더불어

---

94) 정문부(鄭文孚),《농포집(農圃集)》권1,〈양황서당(梁榥書堂)〉.

전죽 4만 개, 장편전(長片箭) 300부(部)를 준비해 용만(龍灣)의 이여송에게 분문(奔問)했는데, 평양의 전투에서 그 화살을 많이 썼습니다. 그래서 선조(宣祖)께서 특별히 포상을 내려 칭찬하시고, 의금부도사(義禁府都事)에 임명했습니다. 황급하게 파천(播遷)했을 때를 당해 비록 조정의 고관(高官)으로서 거가(車駕)를 모시고 따른 자가 많지는 않았으나, 양홍주는 빈천한 선비로서 부자가 발을 싸매고 1000리를 걸어 국난에 달려갔으니, 그 충의(忠義)를 이미 충분히 높일 만했던 것입니다. … 선정신(先正臣) 송시열(宋時烈)·박세채(朴世采)가 지은 묘비와 묘지에 그 사적(事迹)이 상세히 기재되어 있으니, 마땅히 조정에서 특별히 포상 증직(贈職)해, 풍성(風聲)을 보존하고 세워서 후세를 격려하고 긴장하도록 하소서."95)

뛰어난 자질로 당시 명유들의 기대를 받았으나 임진왜란과 정유재란이라는 전쟁에서 부자가 나란히 충의를 다해 청사(靑史)에 이름만 남기고 사라졌으니, 전쟁의 참상은 비단 상처로만 나타나는 것이 아니라 피어 보지도 못하고 사라져

---

95)《조선왕조실록》숙종 28년 임오(1702) 7월 25일(갑술).

간 생명의 처연한 안타까움으로도 남는다.

《용만분문록》의 기록 양상

《용만분문록》은 서계 양홍주와 그의 장자 진우재 양황이 전죽(箭竹) 4만 개와 장편전(長片箭) 300부를 만들어 경남 함양으로부터 의주까지 몽진한 선조를 찾아가 진상하고, 그 전죽과 장편전으로 평양성 전투의 승리를 견인한 뒤 다시 한양으로 환궁하는 왕을 호종한 기록이다.

1592년 10월 1일 함양에서 출발해 1593년 10월 환궁할 때까지의 기록이었으나 병자호란에 훼손되어 1593년 봄까지의 기록만 남아 있다. 《용만분문록》은 현재 경상국립대학교 고문헌도서관에 소장된 《용성세고(龍城世稿)》에 서문에 해당하는 최석정(崔錫鼎, 1646~1715)의 〈제용만분문록(題龍灣奔問錄)〉이 수록되어 전하고, 남원 양씨 집안에서 소실본을 수습해 영인한 《용만분문록》이 전한다. 이 책은 남원 양씨 집안에 전하는 《용만분문록》을 저본으로 삼았음을 밝혀 둔다. 최석정은 《용만분문록》에 대해 다음과 같이 말하고 있다.

오른쪽 분문록은 중승(中丞) 양성규(梁聖揆)의 선대 진우 공(眞愚公)이 임진왜란을 당했을 때 그의 부친 서계공(西溪公)을 모시고 의주까지 가서 분문한 기록이다. 이때 진우 공의 나이가 18세였는데, 아버지를 따라 수천 리를 걸으며 흙탕길을 호종했으니 매우 기이한 일이다. 내가 분문록의 기록을 살펴보니 그 문장이 청려(淸麗)하며, 계책이 상세하고 절실해 보통 사람은 미칠 수 없는 경지다. 모두 충간의담(忠肝義膽)한 가운데에서 나온 것으로 그것을 읽으면 사람이 세상을 보는 눈이 넓어지고 감격이 일어, 퇴락한 풍속을 격려하고 우주와 삼강의 소중함을 더하게 되니, 거듭 반복해 읽어도 감탄하게 된다.[96]

최석정은 이 글에서《용만분문록》이 진우재 양황이 지은 글이라는 점을 분명히 하고, 이때 그의 나이가 18세에 불과

---

[96] 양황(梁榥),《용만분문록(龍灣奔問錄)》,〈제용만분문록(題龍灣奔問錄)〉, "右奔問錄 卽梁中丞聖揆氏先代 眞愚公當壬辰倭亂 奉其尊府西溪公 奔問龍灣所錄也 時眞愚公年十八 能隨親行 跋涉數千里 從屆泥露 斯已奇矣 余觀錄中所記 其詞翰之淸麗 策慮之詳切 儘有人不可及者 而無非從忠肝義膽中流出 讀之令人曠世起感 有足以激厲頹俗 增宇宙三綱之重 爲之三復 歎尙".

했다는 점을 들어 진우재의 비범함을 부각하고 있다. 군사용 무기를 제작해 왕을 호종하자는 식견도 범상치 않은 일인데, 더 나아가 그 행적에 대한 경위를 세세한 기록으로 남긴 점은 그의 비범함을 더욱 돋보이게 한다. 그러므로 최석정은 문장에 대해 보통 사람이 미칠 수 없는 경지라며, 모두 충성스럽고 의로운 간담(肝膽)에서 나온 감격과 자각에 읽을수록 감탄하게 된다고 했다.

《용만분문록》은 함양에서 출발하는 1592년 10월 1일부터 시작해 경유지와 도착지를 기록하고, 그사이에 있었던 일과를 적거나 창작한 시를 수록하는 것으로 내용의 대략을 완성하고 있다. 양황의 기록에 따른 분문(奔問)의 기록을 일자에 따라 정리하면 다음 표와 같다.

날짜	일정	시작(詩作)
1592. 10. 1.	함양(咸陽) → 팔량령(八良嶺) → 운봉현(雲峯縣) 촌사(村舍)에서 묵음	
10. 2.	운봉현 촌사 → 남원(南原) 둔덕리(屯德里)(종 대호의 집)	
10. 3.	남원 둔덕리(종 대호의 집) → 임실현(任實縣)	
10. 4.	임실현 → 만마동(萬馬洞) → 전주부(全州府)	
10. 5.	전주부 → 임파현(臨陂縣)	

날짜	일정	시작(詩作)
10. 7.	머묾	
10. 13.	머묾	5언 율시 2수
10. 14.	임파현 → 옥구현(沃溝縣) 군산포(群山浦)	7언 율시 4수 5언 율시 3수
10. 15.	옥구현 군산포 → 호서(湖西) 홍주(洪州) 항포(杭浦)	
10. 16.	머묾	
10. 17.	머묾	5언 율시 7수
10. 18.	머묾	
10. 19.	항포 → 당진현(唐津縣) 소덕물도(小德物島)	
10. 20.	머묾	
10. 22.	당진현 → 이하 결락	
10. 22.~11. 12. 결락	결락	
11. 13.	관서(關西) 삼화현(三和縣) 바닷가	7언 절구 2수
11. 17.	바닷가 → 증산현(甑山縣). 이하 결락	7언 절구 1수
11. 25.	정주(定州) 바닷가 신안관(新安館)	7언 율시 1수
11. 27.	선천부(宣川府) 경계 포촌(浦村)	
11. 28.	포촌 → 의주(義州)	

날짜	일정	시작(詩作)
12. 1.	의주 내 용만성(龍灣城)	
12. 2.	전죽과 장편전을 진헌하겠다고 묘당(廟堂)에 고함	
이하 결락	이하 결락	
모일(某日)	이여송(李如松)의 명군이 압록강 건너는 것을 구경	7언 율시 1수
섣달그믐	고향 그리는 마음을 읊음(敍思鄕之懷)	5언 율시 2수
1593. 1. 1.	차운	5언 율시 1수 7언 율시 1수
1. 6.	차운	7언 율시 3수
이하 결락	이하 결락	
모일(1593. 1. 18.)[97]	어가[大駕]가 용만성을 출발해 경도(京都)로 돌아옴	
모일(1593. 2. 1~17.)[98]	어가를 따라 정주에 도착	고풍 1편
모일(1593년 2. 20.)[99]	어가를 따라 숙천부(肅川府)에 도착	7언 율시 2수
모일(1593. 3. 1.)[100]	어가를 따라 영유현(永柔縣)에 도착	5언 율시 1수
이하 결락	이하 결락	

---

97) 《조선왕조실록》 선조 26년(1593) 1월 18일[01], 의주를 출발하다.

《용만분문록》은 출발하는 10월부터 11월까지는 일자별로 기록되어 있으나 이후는 상당 부분이 결락되어 온전한 형태가 아니다. 1592년 12월과 1593년의 1월은 대부분 결락되었고, 그 이후는 일자를 알 수 없어서 '모일(某日)'이라고 기록하고 있다. '모일'이라고 기록된 일자에서 어가가 이동한 경로의 지명을 《조선왕조실록》에서 검색한 결과 추측 가능한 일자가 도표의 괄호 안에 있는 일자다.

"상이 **의주**를 출발하였다. 출발하기에 이르러 용만관에 거둥해 궐패(闕牌)를 설치하고 다섯 번 절을 하고 세 번 머리를 조아렸다."
98) 《조선왕조실록》 선조 26년(1593) 2월 1일[01], 상이 정주에 있다. "상이 **정주(定州)**에 있었다." 《조선왕조실록》 선조 26년(1593) 2월 17일[01] 대가가 가산에 머물다. "대가가 이날 **정주(定州)를 출발**하여 가산군(嘉山郡)에 머물렀다. 상이 출발하려고 하면서 종묘사직의 신주(神主)에 분향하여 예를 행하고, 동궁으로 하여금 그대로 머물면서 종묘사직을 받들게 하였다."
99) 《조선왕조실록》 선조 26년(1593) 2월 20일[01], 상이 숙천부에 있다. "상이 **숙천부(肅川府)**에 있었다."
100) 《조선왕조실록》 선조 26년(1593) 3월 1일[01], 상은 영유에, 왕세자는 정주에 있다. "상은 **영유(永柔)**에 있고 왕세자는 정주(定州)에 있었다."

《용만분문록》은 어가가 환궁하기까지의 기록이지만 현재 전하는 것은 부분적으로 결락되어 1593년 3월 1일까지의 기록이 최장 기록이다. 간간이 결락된 부분이 이어지다 3월 1일 이후는 완전히 일실되어 전하지 않고 있다. 《용만분문록》의 보존 상태를 알 수 있는 기록은 말미에 수록된 후손 양석구(梁錫九)의 글이다.

《용만분문록》은 100여 폭이었는데, 병자호란 때 땅에 묻어 두고 호서(湖西)로 군사를 피했는데 적들이 땅을 파고 꺼내어 던져 버렸다. 그리하여 피난민들에게 훼손되고 찢어지며, 비와 눈에 마모되고, 진흙에 파묻혀 거의 결락되었다. 겨우 한두 폭이 존재했지만, 글자가 빠지고 행이 일그러진 것이 곳곳에 너무 많아 고증할 수 없었다. 계사년 봄 이후부터는 모두 결락되고 한 폭, 한 행도 남은 것이 없으며, 어가를 호종해 도읍으로 돌아올 즈음에는 기록이 영유현에서 그치고 있다.[101]

---

101) 양황, 《용만분문록》, "此錄冊子百有餘幅 而丙丁之亂 埋藏于土 避兵湖西 遂爲賊所掘出 抛踏而棄之 又爲迷氓之所毀裂 雨雪之所磨洗 泥土之所腐爛 破缺殆盡 董存一二 而抑又缺字虧行 隨處尤多 不可得 以攷焉 至於自癸巳春以後 則全然朽破 一幅一行之無餘 故扈駕還都之

현재 전하고 있는 《용만분문록》은 모두 46쪽이다. 후손 양석구의 글에 따르면 본래는 모두 100폭이 넘는 양이었는데, 땅속에 보관되어 오던 것이 병자호란 때 적병에 의해 발굴되어 버려지자 사람들의 손에 훼손되고, 눈, 비, 진흙 등에 훼손되어 결락되고 결국 소량으로만 전해지게 되었다고 한다.

어가가 영유현에 머문 것은 1593년 3월 1일이며, 환궁한 것은 1593년 10월 1일이다.[102] 본래 《용만분문록》이 환궁까지의 기록이었다고 하는 점을 미루어 보면 3월부터 9월까지 7개월간의 기록이 일실되었다. 1592년 10월 1일부터 1593년 3월 1일까지의 기록이 부분 결락된 채 전하고, 1593년 10월까지 기록이 일실되었으니 전하는 기록보다 일실된

際 所錄止於永柔縣而已".

102) 《조선왕조실록》 선조 26년(1593) 10월 1일[02] 임금이 벽제역을 출발하여 정릉동 행궁으로 들어가다. "상이 아침에 벽제역(碧蹄驛)을 출발하여 미륵원(彌勒院)에서 주정(晝停)하고 저녁에 정릉동(貞陵洞)의 행궁(行宮)으로 들어갔다." 《조선왕조실록》 선조 26년(1593) 10월 2일[01] 임금이 정릉동 행궁에 머무르다. "상이 정릉동(貞陵洞)의 행궁(行宮)에 있었다."

기록이 더 많다.

《용만문문록》의 기록 중에서 가장 많은 부분을 차지하는 것은 시다. 함양에서 출발한 며칠간은 시를 짓지 않았지만, 나머지 날들은 거의 모든 일정에 시를 지어 수록했다. 개인적인 세세한 일과를 기록한 것보다는 창작한 시를 수록한 것이 더 많은 부분을 차지하고 있다. 환궁한 10월까지 12개월의 기록 중에서 5개월의 기록만 전하는데, 만일 전체가 전해졌다면《용만문문록》에 수록된 시만으로도 하나의 시문집이 될 정도였을 것이라 예상한다.

《용만문문록》 수록 한시의 서정(抒情)

《용만문문록》에 수록된 한시는 5언 율시 16수, 7언 율시 12수, 7언 절구 3수, 고풍 1편으로 모두 32수다. 이는《용만문문록》을 기록한 양황의 시만을 산출 근거로 삼은 것이므로 다른 인물의 작품을 수록한 것까지 합산하면 훨씬 더 많은 양의 시가 수록되어 있다. 양황은 자신이 지은 시는 '여왈(余曰)'이라 했고, 부친인 양홍주가 지은 시는 '가군왈(家君曰)'이라 했으며, 일행이나 동료가 지은 시는 '모왈(某曰)'이라고 표현했다.

우국충정(憂國衷情)의 발로(發露)

양황이 아버지 양홍주와 함께 분문을 결정한 나이가 18세인데 그때 그가 부친에게 했던 말은 다음과 같다.

"영남의 우도에 있는 모든 의병은 모두 정인홍의 휘하에 있으니 그의 절제를 받는 것이 가능하지 않다면 몽진하는 어가를 따라서 신하로서의 절개를 바치는 것만 같지 못합니다."

몽진하는 어가를 찾아가 신하의 절개를 바치자고 말했는데, 여기서 그가 말한 신하의 절개는 결국 나라를 걱정하는 우국충정에서 나온 것으로 의병 활동이 또 다른 형태로 표출된 것이라 할 수 있다. 양황이 《용만분문록》에 수록한 시에서 가장 먼저 드러난 정서가 바로 이것이다.

관서 지방으로 일만 리 길
남쪽 고을에서 길 떠났다네
오늘 밤 술동이 앞에 두고 시름하노니
타향에서 나그네 생각 그윽해라
음산한 바람 열흘 동안 이어지니

여관에선 삼 년처럼 느껴지네
전쟁은 어느 때에 안정될까
반중에서 계책을 세워 보길 청하네

關西一萬里　發軔自南州
今夕樽前恨　他鄕客思幽
陰風連十日　旅館若三秋
戎馬何時定　盤中請借籌[103]

1592년 10월 13일 《용만분문록》에 가장 먼저 수록된 시로, 10월 1일에 함양을 출발한 지 13일 만에 지은 시다. 이날 이전의 여정에는 시를 지었다는 기록은 없고 간략한 서술만 수록되어 있으므로 이 시가 분문의 일정에서 가장 먼저 지은 시라고 볼 수 있다. 이 시를 지은 상황에 대해 양황은 다음과 같이 기록하고 있다.

10월 13일. 역풍이 연일 그치지 않아 머물며 체류한 지가 거의 열흘이 되었다. 서쪽으로 갈 기약은 없고, 여정은 더욱 고통스러웠다. 근심 걱정으로 처량해 오직 두

---

103) 양황, 《용만분문록》 10월 13일 조.

공부의 '눈물 뿌리며 임금 계신 곳 그리워하니(揮涕戀行在)'라는 구절만 읊조릴 뿐이었다. 마침 호남도사(湖南都事) 최철견(崔鐵堅)이 현으로 들어와 두세 명의 호걸과 함께 신정(新亭)의 모임을 열었다. 나는 아버님을 모시고 그 모임에 참여했다. 술이 반쯤 되자 최 공(崔公)이 먼저 율시 한 수를 읊조렸다. … 내가 삼가 차운해 시를 올렸다.104)

'눈물 뿌리며 임금 계신 곳 그리워하니(揮涕戀行在)'는 두보의 〈북정(北征)〉이라는 시에 나오는 구절로, '북정'은 두보가 당(唐) 숙종(肅宗) 2년에 봉상(鳳翔)의 행재소에서 좌습유(左拾遺)로 있던 중, 말미를 받아 자신의 부모를 비롯한 가족이 있는 부주(鄜州)로 향하는 여정과 집에 도착한 뒤의 상황을 읊은 140구의 5언 고시다. 안녹산(安祿山)의 난이 일어나자, 두보가 가족들을 부주로 피난시킨 뒤, 숙종이 즉위한 영무(靈武)로 가다가 반란군에 잡혀 장안(長安)으로

---

104) 양황, 《용만분문록》, "十三日 逆風連日不止 濡滯幾浹旬 西行若無期 旅情益苦 愁思悄然 惟吟杜工部 揮涕戀行在之句而已 適湖南都事崔公鐵堅入縣 與二三豪士 作新亭之會 余侍家君亦與其會 酒半崔公先吟一律 … 余敬步以呈".

압송되었는데, 그 뒤 장안을 탈출해 온갖 위험을 무릅쓰고 숙종이 있던 봉상의 행재소로 가서 숙종에게 충정을 인정받아 좌습유에 제수된 일이 시의 배경이 되었다.

이 시에서 두보가 온갖 위험을 무릅쓰고 당 숙종을 찾아간 모습이 왜란으로 인해 의주로 몽진한 선조를 풍랑을 헤치고 찾아가는 양황의 상황과 아주 비슷하다. 전쟁으로 인해 피폐해진 산하와 사람들을 목격하며 임금을 찾아가는 길은 두보의 시에서처럼 정신이 아득할 만큼 고통스러운 길이었다.105) 두보에 감정 이입해 자신의 상황을 읊조린 이 시에서는 두보 시의 분위기를 느낄 수 있다.

양황이 의주로 향하는 길은 뱃길이었다. 낮에는 뱃길을 따라 항해하고, 밤에는 항구에 정박하고, 다음 날 다시 일정

---

105) 두보(杜甫), 〈북정(北征)〉, "황제께서는 진실로 중흥의 주인, 나라 경영에 참으로 애를 쓰셨네. 동쪽 오랑캐의 반란 그치지 않으니, 나는 분하고도 간절하다네. 눈물 뿌리며 임금 계신 곳 그리는데, 가는 길은 오히려 아득하기만 하다네. 하늘과 땅이 모두 상처투성이니, 근심 걱정은 어느 때에 끝날까? 느릿느릿 논과 밭 넘어가니, 연기 오르는 집 흐릿하고도 쓸쓸하네. 만나는 사람은 다친 사람이 많고, 신음하며 피를 흘리는구나!(君誠中興主 經緯固密勿 東胡反未已 臣甫憤所切 揮涕戀行在 道途猶恍惚 乾坤含瘡痍 憂虞何時畢 靡靡踰阡陌 人煙眇蕭瑟 所遇多被傷 呻吟更流血)".

에 오르기를 반복했는데 날씨가 순조롭지 못해 며칠 동안 항구에 머물고 있으니 답답한 마음에 고향 생각과 난리 중인 나라에 대한 근심까지 같이 차올랐다.

임진왜란에 부친과 분문길에 오른 양황의 나이는 18세였다. 최석정이 제문에서 밝혔듯이 어린 나이의 청년이 이런 일에 나선 것은 기이하고, 뱃길의 고행을 온전히 감당하는 것은 힘겨운 일이었다. 그러므로 향수에 빠져 술잔을 기울이고, 두보의 시를 읊조리며 현실의 위안을 얻고 있다. 그리고 빨리 전쟁이 끝났으면 하는 바람을 마지막 미련(尾聯)에서 나타내고 있다.

미련의 '차주(借箸)'는 '젓가락을 빌린다'는 뜻으로, 한고조(漢高祖) 때의 장양(張良)이 대책을 강구해 유방이 천하를 차지하게 했다는 고사에서 인용한 말이다. 유방이 천하를 통일하고 전쟁을 종결했듯이 빨리 전쟁을 승리로 이끌 비책이 나오기를 바라는 내심을 이렇게 표현했다. 그러나 전쟁은 쉬이 끝날 수 있는 것이 아니었다.

> 이 생명이 난리 속에 떨어졌으니
> 해를 향한 작은 풀의 충심을 누가 알리오
> 보검을 허리에 차니 비분함 절실하고
> 갑옷을 무릎에 드리우니 큰 포부 부질없네

난여는 길을 치우며 관문을 지나가니
오랑캐 비린내는 한양 궁궐을 더럽히네
늠름하게 서쪽으로 온 오늘의 일은
분양을 천년 동안 영웅으로 생각해서라네

此生零落亂離中　誰識傾陽寸草忠
寶劍躍腰悲憤切　戎衣垂膝壯圖空
鑾輿淸蹕巡關塞　臊羯腥塵暗漢宮
凜凜從西今日事　汾陽千載想英雄[106]

  이 시는 육유(陸游)의 〈서분(書憤)〉에 차운한 시다. 육유는 이민족인 금나라에 함락된 땅을 되찾기 위해 노심초사했던 인물로 우국시와 전원시로 대표된다. 여기에서 양황이 육유의 시에 차운한 것은 우국으로 일관된 그의 심중(心中)을 대변한 것으로 볼 수 있다. 육유는 〈서분〉에서 젊은 날 전장을 넘나들었던 자신을 묘사하고, 출사표를 지은 뒤 전장에 나갔던 제갈량(諸葛亮)을 우국충정의 표상으로 표현했다. 육유가 표출한 감정은 양황에게 그대로 이입되어 시작

---

106) 양황, 《용만분문록》, 〈차육방옹서분시운(次陸放翁書憤詩韻)〉 4수 중 기일(其一).

(詩作)에 나타나고 있다.

'보검을 차고, 갑옷을 입고' 전장에 뛰어든 양황의 모습은 〈서분〉에서 전장을 넘나들던 육유의 모습과 다르지 않다. 단지 육유는 잃어버린 땅을 되찾기 위한 포부가 있었으나 양황에게는 전쟁으로 쑥대밭이 된 나라만 있을 뿐이었으니, '큰 포부 부질없네(壯圖空)'라고 표현했다. 마지막 미련에서 양황은 자신이 서해를 따라 의주까지 분문의 길을 나선 이유는 당 숙종 때 안녹산의 난을 평정하고 분양왕(汾陽王)에 봉해진 곽자의(郭子儀)를 영웅으로 여기기 때문이라고 한다.

앞선 시에서는 행재소에 있는 왕을 찾아가는 두보에, 이 시에서는 전장을 누비는 육유에 감정 이입하고, 안녹산의 난을 공동 소재로 활용했다. 전쟁에서 우국충정을 드러낸 인물을 중심으로 감정 이입해 자신의 처지와 동일시하고, 분문(奔問)의 여정이 순연한 우국충정에서 나온 것임을 간접적으로 드러내고 있다. 그리고 곽자의가 안녹산의 난을 평정한 것처럼 분문의 결과가 전쟁을 종식하는 동력이 되기를 기원하는 마음을 마지막 미련에 담았다.

> 초야의 한 미천한 신하가
> 근왕으로 작은 충절을 바쳤네

흰 구름 아득히 고향으로 떠가노니
푸른 바다 넘실대며 세월은 흘러가네
이백 년 동안 대대로 녹을 받아
삼천 리 밖의 행궁을 생각하네
새벽 여관 창에 닭 홰치는 소리 들려
서쪽 바다로 머리 돌리니 의기 웅장하네

一介微臣草野中　勤王徒效獻芹忠
白雲渺渺鄕關遠　滄海溶溶歲月空
二百年來曾世祿　三千里外憶行宮
旅窓五夜聞鷄舞　回首西洋意氣雄[107]

 양홍은 자신을 '미신(微臣)', 자신의 충절을 '근충(芹忠)'이라 했다. 여기에는 분문의 여정을 함께했던 부친 서계 양홍주도 포함된다. 부친 양홍주는 임진왜란 때 아들 양홍과 함께 의주까지 분문했고, 정유재란 때는 가족들을 이끌고 함양의 황석산성 전투에 참여했다가 기적적으로 가족과 함께 생환한 기록을 〈난후영회(亂後詠懷)〉라고 하는 시로 남겨 전란을 기록한 또 하나의 문학 작품을 남겼다. 부자가 미

---

107) 양황, 《용만분문록》, 〈차육방옹서분시운〉 4수 중 기이(其二).

천한 신하로서 이렇게 삼천 리나 되는 길을 나선 배경에는 우국충정과 함께 대대로 조정의 녹을 먹은 가풍의 영향도 있다. 마지막 미련에서 새벽에 잠 깨어 닭 우는 소리를 들으며 다시 바다의 항해를 시작하는 기운이 자못 장대하다. 고행이지만 신하의 도리를 다한다는 유자(儒者)의 의리(義理)가 그대로 나타나는 모습이기도 하다.

> 풍진 속을 떠돌아다니는 한 신하
> 만 리 군왕 호위에 귀밑머리 하얘졌네
> 말해 준 행조의 일에 마음이 상하고
> 가슴 메운 비분함에 수건 가득 눈물이라네

流落風塵一介臣 勤王萬里鬢霜新
傷心說破行朝事 悲憤塡膺淚滿巾[108]

1592년 11월 13일 양황 부자는 관서 삼화현(三和縣) 바닷가에 배를 정박하고 돛을 내린 뒤 현으로 들어가서 수령을 방문하고 행조(行朝)의 소식을 물었다. 군왕 호위에 귀밑

---

[108] 양황, 《용만분문록》, 11월 13일 조.

머리가 하얘진 노인은 부친 양홍주를 일컫는 것이다. 신하로서의 절개를 다하기 위해 어가를 따라가고 있는데, 어가의 소식이 좋지 못하니 비분함에 눈물이 수건에 가득하다고 한다. 충심(衷心)에서 우러난 충정(衷情)이 아니라면 수건을 적실 만큼의 눈물을 흘리지는 않을 것이며, 전쟁 상황이 아니라면 이렇게 비분이 가득하지는 않았을 것이다. 비분과 충정이 발동한 감정이 백발의 부친과 함께하는 현재의 상황에 대해 더욱 울분에 비통하게 하고 있다.

> 하늘과 땅 사이에 군마가 날뛰어
> 비린내와 먼지가 사방에 자욱하네
> 풍랑으로 고국 땅이 나누어지니
> 부평초야말로 이 몸의 신세라네
> 조만간 추악한 자들을 섬멸해
> 중화와 동이 한집안처럼 합해지리라
> 다시 일어나 광복하는 일에
> 어찌 익주, 파주를 따지리오

> 戎馬乾坤裡　腥塵暗四遐
> 風濤分故土　萍水是生涯
> 早晚殲群醜　華夷合一家

中興光復業　豈數益州巴

  이 시는 수련에서 전쟁으로 피폐해진 국토를 묘사하고 있다. 왜구의 만행으로 비린내와 먼지가 자욱한 고토를 버리고 의주로 분문을 가고 있는 자신은 부평초처럼 바다에 떠다니는 신세다. 이여송(李如松)이 이끄는 명나라 군대가 조선으로 오고 있었으므로 경련에서 '중화와 동이 한집안처럼 합해지리라(華夷合一家)'라고 표현했다. 양황은 가산을 털어 전죽과 장편전을 만들어 선조가 있는 의주까지 분문했으며, 이 전죽과 장편전은 이여송의 군대가 제4차 평양성 전투에서 승리를 견인하는 데 중요한 무기가 되었다. 그러므로 나라를 지키는 일에는 지역을 따질 수 없는 것이며, 자타(自他)를 따질 수 없는 것이라는 심정을 마지막 미련에서 나타내고 있다.

여수(旅愁)에 드러난 향수(鄕愁)

  전쟁으로 인해 수천 리의 분문길에 오른 양홍주·양황 부자는 뱃길을 따라 의주로 향한다. 이 길에서 우국충정이 우선적인 감정이기는 하겠으나, 집안에 가족을 두고 떠난 길이기에 고향을 그리는 마음이 없을 수 없다. 양황은 고향을 떠나는 날의 기록을 다음과 같이 적고 있다.

내가 아버지를 모시고 서쪽으로 갈 때 집안에는 어머니가 계셨다. 두 누이와 동생이 하나 있었는데 모두 어렸고, 동생은 겨우 세 살이었다. 아버지는 가족을 두 숙부에게 맡기셨다. 이해 초겨울 길일에 집을 떠나 호남으로 향하는데, 서로 이별하는 마음이 비록 대의(大義)로 떠나는 길이지만 그리운 마음을 어찌 억누를 수 있었겠는가?[109]

자신은 부친과 함께 의주로 떠나고 집안에는 어머니와 두 누이, 세 살짜리 동생이 남아 있었다. 모두 어렸기에 가족을 숙부에게 맡기고 먼 길을 떠났으니, 전쟁 중에 이별하는 그 마음이 어찌 슬프지 않았을까? 이 감정은 의주로 향하는 여정에서 고향에 대한 그리움으로 나타났으며, 《용만분문록》에 수록된 시에서는 여수(旅愁)에서 비롯한 향수(鄕愁)가 곳곳에서 나타나고 있다.

---

[109] 양황, 《용만분문록》, "余侍奉西征 家有慈親 只率二妹一弟 皆幼稚 而弟則纔三歲矣 家君乃托之於兩叔父 是歲孟冬之初吉 離家向湖南而行 此間相離之情 雖以大義制之去留 顧戀之懷 烏得以自抑乎".

만 리의 관서로 가는 길
풍랑이 아득히 드넓은 때
흰 구름은 어느 곳에서 피어나나
푸른 바다 아득해 기약하기 어렵네
함몰된 곳에서 고향 소식을 듣고
떠돌면서 굶주리지 않기를 생각하네
남쪽 백성의 도탄은 극심해
밤낮으로 임금의 군대만 기다린다네

萬里關西路　風濤浩渺時
白雲何處是　滄海杳難期
陷沒聞鄕信　流離念母飢
南民塗炭極　日夜望王師[110]

 1592년 10월 17일에 지은 시다. 이 일자에 '바람에 막혀 배를 출발하지 못하고 하루 종일 창을 마주하고 있으니 감회가 일지 않을 수 없다'고 적고 있다.[111] 날씨가 좋으면 출

---

110) 양황, 《용만분문록》, 〈우차강자아난후잡시(又次江子我亂後襍詩)〉.
111) 양황, 《용만분문록》, "十七日又阻風, 不得發舡, 盡日蓬窓, 無以遣

항하고 그렇지 않으면 항구에서 정박해 지내는 생활을 반복하니, 항구의 좁은 공간에서 날씨가 좋아지기를 기다리는 마음은 전쟁 중 떠나온 고향 생각을 더욱 간절하게 한다.

수련(首聯)에서 의주로 향하는 길이 만 리인데 온 바다에 풍랑이 아득해 항구에 갇힌 상황을 비유적으로 표현했으며, 함련(頷聯)에서는 아득히 먼 고향을 '흰 구름 피어나는 곳'으로 묘사하고 멀리 떠나와 갈 수 없는 상황을 '푸른 바다 아득해 기약하기 어렵네'라고 했다. 수련과 함련의 비유 표현에서 18세의 소년이라고 헤아리기 어려울 만큼 깊은 시심을 느낄 수 있게 한다.

경련(頸聯)에서는 분문길에서 이따금 고향 소식을 들으며 여정에 굶주리는 일만은 없기를 바란다. 전쟁 중의 굶주림이야 일상이니 그 속에서 인간의 바람이야 가장 본능적일 것인데, 그 본능적인 걱정이 '먹는 일'이다. 굶주리지 않기를 바란다는 것은 '굶주림'이라는 일상에서 벗어나고 싶은 난중(亂中)의 갈망이다. '고향 생각'과 '굶주림'이라는 단어는 전쟁이라는 상황을 인간의 정서와 결부해 이해하게 하는 적확한 언어다.

懷".

'고향 생각'과 '굶주림'이 노중(路中)에 있는 나그네의 몫이라면 왜구에게 함락된 고향 땅은 도탄지경에서 벗어나기 어려운 상황이다. 오로지 '왕사(王師)'를 기다리는 것만이 희망인 민초의 안타까운 상황을 마지막 미련에서 표현하고 있다.

> 이슬이 떨어져 찬 서리 되니
> 바람 높이 불어 첫눈이 내리네
> 서쪽 하늘 보며 궁궐 그리워하는데
> 남쪽 지역에선 집안 편지 끊어졌네
> 배움 부족해 초라한 집도 편안하고
> 재주 어설퍼 노(魯) 자와 어(魚) 자 구별도 못하네
> 밝은 달이 뜬 밤 외로운 배 안에서
> 꿈은 나물 캐던 고향 산으로 달려가네

> 水落霜寒後　風高雪下初
> 西天戀魏闕　南國絶家書
> 學拙安蓬篳　才疎訛魯魚
> 孤舟明月夜　夢繞故山蔬

10월 1일에 함양을 출발해 의주로 향하는 동안 시간은 어

느덧 늦가을을 지나 초겨울로 접어들고 있다. 수련에서는 이슬이 변해 서리가 되고, 다시 서리가 눈이 되는 시간의 흐름을 나타내고 있다. 전쟁 중에 고향을 떠난 나그네가 맞게 되는 겨울은 고독감과 적막감이 배가되는 계절이다. 그러므로 고향 생각은 더욱 간절할 것이지만 전쟁 중이라 편지마저도 끊어져 전해지지 않는다.

두보는 〈춘망(春望)〉에서 "전쟁이 석 달 이어지니, 집안의 소식은 만금보다 값지도다(烽火連三月, 家書抵萬金)"라고 하며 고향을 그리는 심정을 표현했다. 양황도 두보의 이 심정을 그대로 차용해 "나라에는 석 달 동안 재만 남았고, 집에서는 만금 가는 편지도 끊어졌네(國餘三月燼 家斷萬金書)"[112]라고 했다. 여러 시에서 집안의 편지가 끊어진 것에 대해 안타까워하고 있는 양황의 모습은 많은 것이 중단되어 제대로 작동되지 않는 전쟁의 참화를 상상할 수 있게 한다.

아직은 18세라는 어린 나이여서 부족함이 많은 자신을 경련에서 '학졸(學拙)', '재소(才疎)'라 했는데, 채 성숙하지 못한 학문과 재주로 전쟁을 맞이하게 되었다. 그리고 분문

---

112) 양황, 《용만분문록》, 〈우차강자아난리잡시(又次江子我亂離襍詩)〉 제3수 "遠客殘秋後 行舟碧海初 **國餘三月燼 家斷萬金書** 却羨安巢鳥 誰憐涸轍魚 故園何日到 晴圃灌春蔬".

의 길에 나섰으니 고향과 가족에 대한 그리움은 꿈속에서도 지속된다. 그 애절한 마음을 그는 마지막 미련에서 몸은 전쟁터의 배 안에 있지만 꿈에서는 고향 산으로 달려간다고 표현했다.

천지의 주재자가 만물을 담당하는데
도리어 신선 고을에 채색 병풍 세웠네
한 바다에 밝은 달그림자를 담았고
사방 산을 둘러싼 건 다 푸른 소나무네
늦저녁의 노을은 맑은 경치 짙게 하고
물에 떠서 노는 물새 흰 날개 푸덕거리네
저물녘 외로운 배의 천 리 길 나그네
먼 포구의 어부 노래 차마 듣지 못하네

乾坤眞宰職流形　却向仙鄕設彩屛
一海中涵明月影　四山周匝盡松靑
晩霞夕靄濃晴景　浮鷺游鷗振雪翎
落日孤舟千里客　漁歌遠浦不堪聽

이 시의 지은이는 양황의 아버지 양홍주다. 수련에서는 채색한 병풍을 둘러놓은 듯한 원경의 노을 지는 광경을, 함련에서는 노을이 진 바다에 달그림자 지고 소나무 숲에 둘러싸인 광경을, 경련에서는 그 노을 진 바다에 흰 새가 노니는 광경을 읊고 있다. 이 모든 광경을 바라보는 한 나그네는 바로 고향에 가족을 두고 1000리를 떠나와 배 위에 떠 있는 양황 부자다. 적막한 바다에서 전쟁터에 가족을 두고 온 나그네의 고독감과 우수를 모두 느낄 수 있는 시다.

마지막 구에서는 고향 생각에 포구에서 들리는 어부의 노래조차 들을 수 없을 정도로 향수에 휩싸여 아버지의 그리움이 아들보다 더 짙음을 느끼게 한다. 앞선 시에서도 나왔듯이 노래는 고향을 연상케 하는 매개체로 작용하며, 향수를 더욱 배가하는 역할을 하고 있다.

전쟁 속의 자연과 사람

양황 부자의 분문길은 고향 함양을 출발해 서해를 따라 의주까지 이어지는 길이었다. 내륙이 아니라 해상이 주요 이동 경로였으므로 그는 전쟁의 참상보다 연안의 아름다운 풍광을 더 많이 접했으며, 우국충절과 향수로 심사는 괴로웠지만 승경들은 단순하게 간과할 수 있는 경치가 아니었다. 그러므로 그는 전쟁 중에도 아름다운 산하와 바다를 시에 담았다.

①
예부터 승지는 형용할 수 없었는데
두루 아름다운 경치 구름 병풍에 싸였네
사방을 모두 둘러 서늘한 소나무 푸르고
맑은 거울 양쪽으로 여니 차가운 옥인 듯 푸르네
별빛, 달빛 자라 머리 위로 쏟아지고
생황, 퉁소 소리에 학의 날개 나부끼네
조물주가 선가의 일을 누설했으나
귀신 울어 정신없으니 듣지 못하네

勝地由來未可形　周遭麗景匝雲屛
盡圖四境寒松翠　泓鏡雙開冷玉靑
星彩月華鰲抃首　風笙天籟鶴翻翎
化工漏洩仙家事　鬼泣神慳故不聽

②
삼라만상 거울 속에 드러나니
운해와 선산 한 폭의 병풍이라네
하늘에서 수레 모니 날개가 돋아나
맑은 기운 속을 부유하며 하늘 나는 듯
허공에는 햇빛, 달빛 흐르고
물에는 물고기 뛰고, 하늘엔 솔개 나네

조수 지고 솔숲에 바람 불어 음악 연주되니
하늘의 생학이 황홀하게 듣는구나

森羅萬象鏡中形　雲海仙山一盡屛
駕御空明疑羽化　浮游瀬氣軼穹靑
中間日月流光影　上下鳶魚任躍翁
潮落松呼風作韻　匀天笙鶴悅相聽113)

이 시는 1592년 10월 18일 사흘 동안 바람에 막혀 항포(杭浦)에 머무르는 동안, 양황의 아버지 양홍주가 임포(林逋)의 시에 차운한 것이다. 임포는 서호(西湖) 고산(孤山)에서 매화를 처로 삼고 학을 아들로 삼아 은거한 인물로 전쟁과는 거리가 있다. 그러나 전쟁 중이라 해도 고향을 떠나 서해를 항해하고 있는 양황 부자에게 산과 바다의 풍광이 보이지 않을 리 없다. 눈에 들어오는 자연을 있는 그대로 읊으며 자연에 감동해 '서호의 시인' 임포를 소환했다.

① 수련의 '승지(勝地)'와 '여경(麗景)'이 함련에서 사방이 소나무 숲으로 둘러싸인 거울같이 맑으며 옥처럼 푸른빛

---

113) 양황, 《용만분문록》, 〈차임화정서호시운(次林和靖西湖詩韻)〉.

을 띤 바다임을 그리고 있다. 서해를 따라 의주로 향하는 연안의 비경은 전쟁과는 상관없이 아름답고 맑았다. 경련에서처럼 별빛과 달빛이 쏟아지고, 바람이 생황과 퉁소를 연주하는 소리를 내며 불고 있다. 신선이 머물 듯 아름다운 경치지만 전쟁으로 모든 것이 소란스러운 두 사람의 귀에는 잘 들리지 않는다. 전쟁 속에서 사람과 자연의 부조화가 이렇게 드러나고 있다.

② 수련의 '경중형(鏡中形)', '일진병(一盡屛)'도 ①에서 보여 준 시의 승경을 읊은 내용과 같은 풍경이다. ①의 경련에서는 별빛과 달빛을, ②의 경련에서는 해와 달을 읊었고, ①에서 소재로 나온 생황, 퉁소, 학은 그 이미지가 그대로 ②에 나오고 있다. 승경을 신선 세계로 느끼고 있는데, 같은 상황에서 같은 시정을 읊은 것이므로 표현 양상도 거의 유사하다. 전쟁 속의 승경이 사람의 감정을 더욱 처연하게 만드는 작용을 한다.

> 영남으로 머리 돌려 삼천 리를 둘러보니
> 부평초로 서로 만난 것이 어찌 우연일까
> 오늘 이별하는 정자에서 혼이 끊어질 듯하니
> 좋은 인연이 나쁜 인연이 되었네

嶺南回首里三千 萍水相逢豈偶然
今日離亭魂欲斷 好因緣是惡因緣114)

이 시는 1592년 11월 13일에 지은 시다. 시를 짓게 된 배경에 대해 〈용만분문록〉에는 다음과 같이 기록하고 있다.

11월 13일. 관서(關西) 삼화현(三和縣) 바닷가에 배를 정박하고 돛을 내린 뒤 현으로 들어가서 수령을 방문하고 행조(行朝)의 소식을 물었다. 그 대략을 들으니 처연한 감정을 이길 수 없었다. 수령이 매우 정성껏 대접해 주었다. 그의 외생손(外甥孫) 수재(秀才) 성인구(成仁耈)와 성준구(成俊耈) 형제도 떠돌다 만나게 되었다. 한 번 보았는데도 오래된 듯해 며칠 동안 이야기를 나누니 마음이 조금씩 가까워졌다. 며칠 머물다 16일에 출발하려 하니 인구가 이별을 앞두고 먼저 한 수 읊조리며 난리 중의 마음을 이야기했다. 115)

---

114) 양황, 《용만분문록》, 11월 13일 조.
115) 양황, 《용만분문록》, "十一月十三日 泊舟于關西三和縣之海濱 停帆入其縣 訪主倅 問行朝消息 粗得其槪 不勝悽感 其倅頗款遇 又與其外甥孫成秀才仁耈俊耈兄弟 萍水邂逅 一見如舊 連日打話 情義稍親 留歇數日 至十六日將發行 仁耈臨別 先吟一絶 以道亂離之意".

전쟁 중에도 사람과의 만남이 있고, 이별이 있으며, 난리 중이기에 이 만남은 평시보다 더 간절할 수 있다. 제1구와 제2구에서 두 부자는 이미 삼천 리를 지나왔으며, 그 길이 부평초처럼 떠도는 나그네와도 같은 길이었음을 읊고 있다. 그런 길에 진심으로 대하며 정성스러운 사람을 만난 것은 우연이라고도 할 수 없는 운명 같은 만남이다. 같이 지낸 사흘이 마음으로 가까워질 수 있는 시간이었기에 짧지만 짧다고 할 수 없는 시간이었고, 전쟁 중이었기에 이 만남은 더욱 깊은 만남으로 각인되어 이별 앞에서 '혼욕단(魂欲斷)'이라는 표현을 하게 했다. 감당하기 힘든 상실감을 양황은 마지막 구에서 '좋은 인연이 나쁜 인연이 되었네(好因緣是惡因緣)'라고 했다. 분명 '좋은 인연'이 맞음에도 불구하고 감당하기 힘든 이별의 고통이 '나쁜 인연'이었다고 역설적으로 표현했다. 이 역설에 난리 중에 만난 인연의 간절함이 모두 실려 있다.

    오랜 나그네 생활 한서에 시달리는데
    전쟁은 아직 끝나지 않았네
    하늘과 땅은 원통한 핏빛이요
    집안과 나라는 잿더미 속이라네

차가운 밤 누대에 뜬 달
변방의 봄 초목에 부는 바람
부평초처럼 정처 없이 떠돌며
남북으로 갔다가 동서로 갔다가

客久罹寒暑　兵戈尙未終
乾坤寃血裡　家國却灰中
寒夜樓臺月　邊春草木風
萍蓬無定跡　南北又西東[116]

  이 시는 선조의 어가가 환궁하는 도중 영유현에 머물 때 지은 시다. 《조선왕조실록》의 기록에 따르면 어가가 영유현에 머문 시기는 1593년 3월 1일에 해당한다. 어가는 환궁하고 있지만 전쟁은 여전히 끝나지 않았고, 왕을 호종하는 길 또한 쉽지만은 않기에 그는 잠 못 이루고 아득한 근심에 빠지게 된다. 그런 심정으로 지은 시이기에 전쟁이라는 상황과 나그네 같은 현실에 절망이 뒤섞였다.
  함양을 출발한 지 5개월이 지났지만 전쟁은 끝나지 않았

---

116) 양황, 《용만분문록》, 〈차영규율수이창부여유상춘시운(次瀛奎律髓李昌符旅遊傷春詩韻)〉.

고, 그는 아직 나그네 신세로 추위와 더위에 시달리고 있으며, 하늘과 땅은 온통 피로 얼룩지고 폐허가 된 국토의 현실을 함련에서 읊고 있다. '피'와 '재'로 대표되는 상황은 '핏빛'과 '잿빛'이라는 절망의 언어가 되어 참혹한 전쟁의 결과를 보여 준다.

    이러한 현실에서도 자연은 그대로 달은 뜨고, 바람은 분다. '한야(寒夜)'와 '변춘(邊春)'이 그가 처한 상황을 대변하며 '누대에 뜬 달', '초목에 부는 바람'과 대조를 이룬다. 무심한 자연이야 인간의 마음을 알 리 없기에 저대로 뜨고, 저대로 분다. 그렇기에 그 속에서 참혹한 현실을 견뎌야 하는 사람은 더욱 처량하며 비극적인 존재가 된다. 《용만분문록》에 수록된 시에서 전쟁의 참상은 그렇게 묘사되고 있다.

나가는 말

    《용만분문록》은 양황 부자가 분문한 기록을 수록한 일기 형태의 임진왜란 기록이다. 1592년 10월 1일 함양을 출발한 기록부터 1593년 10월 어가가 환궁할 때까지의 기록이지만 현재 상당한 부분이 결락된 상태로 1593년 3월까지의 기록만 전하고 있다. 분문하기까지의 하루하루 일정이 기록되어 있으며 출발지와 도착지를 밝히고 있다. 그러나 일상에 대한 세세한 기록보다는 주로 창작한 시를 수록한 것이 주를 이룬다. 현재 《용만분문록》에 수록된 양황의 창작시는 5언 율시 16수, 7언 율시 12수, 7언 절구 3수, 고풍 1편으로 모두 32수다.

《용만분문록》에 수록된 한시는 전쟁 상황에 분문이라는 목적을 수행하면서 지은 것이기 때문에 우국충정의 서정이 가장 주된 흐름을 이룬다. 이에 이어 향수(鄕愁) 어린 시와 전쟁 중에도 그대로인 아름다운 자연에 대한 감흥을 읊은 시가 있다. 우국충정과 향수, 우수는 전쟁 중에 가족과 이별하고 나그네 신세가 된 상황에서 표출된 내면의 정서로 작가인 양황이 18세라는 어린 나이였으므로 보다 간절한 시어로 표출되었다. 특히 전쟁의 참화 속에서도 저대로 아름다울 수밖에 없는 자연 앞에서는 우울한 작가의 내면과 대조를 이루며 아름다워서 더 슬픈 산하에 대한 감정을 담아내었다.

양황은 두보(杜甫), 육유(陸游), 임포(林逋), 두순학(杜筍鶴), 허당(許棠), 강단우(江端友) 등의 시에 차운하고 시상까지 이들의 시와 유사한 양상을 나타낸 시를 지었다. 두보의 〈북정〉, 육유의 〈서분〉에 차운한 시는 양황이 이 시인들에게 감정 이입해 표현 방식도 유사한 흐름이었다. 양황이 18세라는 어린 나이였지만 시문에 깊은 관심을 가졌고 개인적인 학습과 수련의 과정도 상당했음을 감지할 수 있게 하는 부분이다. 나이를 느끼기 어려운 시상의 전개를 보면 그가 상당한 장래성을 갖춘 인물이었음도 유추할 수 있다.

그러나 그는 1593년 2월에 있었던 제4차 평양성 전투에 참여해 입은 부상에서 끝내 회복하지 못하고, 스물둘의 젊은 나이에 세상을 떠났다. 전쟁은 숭고한 생명을 잃게 하는 참상이며, 가족을 헤어지게 만드는 비극이다. 그 비극의 현장에서 어린 나이임에도 불구하고 선두에 서고자 했던 양황은 그가 지은 시만 남겨 두고 유명을 달리했다.

옮긴이 후기

　임진왜란… 500년 전 조선의 산천을 피로 물들인 전쟁이었으나 지금의 평화는 그 전쟁을 기억하지 못합니다. 그 전쟁을 기억하는 사람은 없지만, 우리의 산하 곳곳에는 그때의 상흔(傷痕)을 안고 흐르는 강이 있고, 피를 뿌리며 스러져 간 영혼의 절규를 기억하는 산과 바다가 있습니다.

　임진왜란이 발발하자 함양의 18세 소년 진우재 양황은 가산(家産)을 털어 전죽(箭竹)과 장편전(長片箭)을 만들어 아버지를 모시고 만 리 길을 달려 임금을 찾아가 안부를 물었고, 그가 만들어 간 무기로 평양성 전투에 참여해 전공을 세웠습니다. 그러나 전장(戰場)에서 당한 부상으로 스물둘의 나이에 꽃봉오리 지듯 스러지고 말았습니다.

　《용만분문록》을 번역하며 기록의 소중함을 절감했습니다. 우리가 누리는 평화는 이름 없이 스러져 간 수많은 이의 희생을 거름으로 삼아 피어난 꽃입니다. 그러나 어디에도 그들의 이름 석 자 남겨진 기록이 없기에 우리는 그 이름을 기억하고 불러 주지도 못합니다. 다행스럽게도 양황은 그때의 일들을 기록으로 남겼고, 비록 절반가량이 유실되기는

했지만, 남은 기록으로 인해 청년 시절의 그를 상상할 수 있습니다.

세상의 빛을 보지 못하고 사장(死藏)될 수 있었는데, 이름을 불러 주고 의미를 부여해 꽃이 될 수 있도록 세상에 드러내게 되었음을 다행으로 여깁니다. 연구하다 우연히 만났는데, 꿈을 간직한 채 스러져 간 꽃다운 젊음이 안타까워 손을 놓을 수 없어 번역하는 데까지 이르게 되었습니다.

우리는 누구나 꿈을 안고 살아갑니다. 그 꿈은 때를 만나 꽃으로 피어나기도 하지만, 때를 만나지 못해 피지 못하고 스러지기도 합니다. 그러나 간절한 꿈은 이렇게 몇백 년의 시공간을 넘어 다시 세상의 꽃으로 피어날 수도 있지 않을까요? 그러니 포기하지 말라고… 아직 땅속에서 세상의 빛을 보지 못한 누군가의 피지 못한 꿈을 응원하며 이 책을 세상에 내밀어 봅니다.

《회봉 화도시선》에 이어 두 번째 역서의 출간을 맡아 주신 지만지한국문학 여러분의 꼼꼼한 편집과 교정에 감사의 인사를 전합니다. 매번 교정지를 보며 감동하게 됩니다. 그리고 번역 자료와 《용만분문록》 필사본 파일까지 구해 주신 남원 양씨 문중의 어르신들께도 감사의 인사를 드립니다.

부족한 사람이 책을 붙들고 사니 학문의 길에서 부족할 뿐만 아니라 늘 다른 모든 것에서도 부족합니다. 그런 부족함으로도 이 길을 걸어올 수 있었던 것은 곁에서 도와준 많은 분들 덕분입니다. 돌이켜 보면 고마운 많은 분들… 일일이 거론하지는 못하지만 그분들께 늘 고마운 마음을 품고 산다는 말을 전하고 싶습니다. 그리고 세상의 희망을 이야기하는 사람으로 살아가며, 그 고마움에 보답하는 생을 살아가려 한다는 것으로 감사의 인사를 대신합니다. 두 아들에게는 엄마가 이야기하는 세상의 희망이 그네들의 앞날을 밝히는 등불이 되어 주었으면 하는 바람도 담아 봅니다. 세상은 흐려도 꿈은 푸릅니다.

옮긴이에 대해

이영숙은 경상대학교 한문학과를 졸업하고 동 대학교에서 〈옥계 노진 연구〉로 석사 학위를 받았으며, 〈회봉 하겸진의 화도시와 수미음 연구〉로 박사 학위를 받았다. 경상남도 문화재위원으로 활동하고 있다. 동학들과 함께 《선인들의 지리산 유람록》 1~5를 공역했으며, 한국학중앙연구원 토대 연구 사업인 '금강산 유람록 번역 및 주해' 사업에 전임 연구원으로 참여해 《금강산 유람록》 1~10을 번역했다. 한국국학진흥원 안동의 역사 인물 문집 100선 사업에 참여해 《북애 선생 문집》을 번역했으며, 회봉 하겸진의 시선집 《회봉 화도시선》을 번역했다.

19~20세기 경상 우도 지역 유림의 문학과 금강산 문학에 관심을 두고 있으며, 《금강산유람록》 번역 자료를 바탕으로 〈17세기 이전 금강산 유람의 경로 및 특징〉, 〈경로를 통한 금강산 유람의 변천 고찰〉, 〈단계 김인섭의 금강산 시 연구〉 등의 논문을 발표했다. 부산대학교 점필재연구소 '경남 근대 일기팀'과의 공동 연구로 〈단계 김인섭의 현실 인식과 단성 농민 항쟁〉, 〈소눌 노상직의 현실 대응 양상에 대한

고찰〉 등을 발표했다. 이 밖에 회봉 하겸진에 대한 연구로 〈일제 강점기 전통 지식인으로서 회봉 하겸진의 위상〉, 〈회봉 하겸진의 남명학 계승 양상〉이 있으며, 단성 농민 항쟁에 대한 연구로 〈해기옹 김령의 한시 연구-간정일록의 유배시를 중심으로-〉, 〈해기옹 김령의 한시에 나타난 단성 농민 항쟁-108률 시를 중심으로-〉 등이 있다.

고문헌을 통해 선인들과 대화하며, 그들이 전하는 혜안(慧眼)에서 오늘을 살아갈 삶의 지혜를 찾고 위안을 얻고자 한다. 더 나아가 그렇게 찾은 귀한 글들에 세상이 공명(共鳴)하기를 바라며 고전에는 그런 힘이 있다고 믿는다.

지역 고전학 총서

용만분문록

지은이 양황
옮긴이 이영숙
펴낸이 박영률

초판 1쇄 펴낸날 2024년 2월 20일

지만지한국문학
출판등록 제313-2007-000166호(2007년 8월 17일)
02880 서울시 성북구 성북로 5-11
전화 (02) 7474 001, 팩스 (02) 736 5047
commbooks@commbooks.com
www.commbooks.com

ⓒ 이영숙, 2024

지만지한국문학은
커뮤니케이션북스(주)의 한국 문학 출판 브랜드입니다.
이 책은 저작권자와 계약하여 발행했으므로, 본사의 서면 허락 없이는
어떠한 형태나 수단으로도 이 책의 내용을 이용할 수 없습니다.

ISBN 979-11-288-9281-3 94810
    979-11-288-6597-8 94810(세트)

책값은 뒤표지에 있습니다.